# 数字时代英语教育：教学创新与教师素养

李宏然◎著

吉林出版集团股份有限公司

**图书在版编目（CIP）数据**

数字时代英语教育 ： 教学创新与教师素养 / 李宏然
著. -- 长春 : 吉林出版集团股份有限公司, 2024. 6.
ISBN 978-7-5731-5577-1

Ⅰ. H319.3

中国国家版本馆 CIP 数据核字第 2024RK7107 号

# 数字时代英语教育：教学创新与教师素养

SHUZI SHIDAI YINGYU JIAOYU : JIAOXUE CHUANGXIN YU JIAOSHI SUYANG

| | |
|---|---|
| 著　　者 | 李宏然 |
| 出版策划 | 崔文辉 |
| 责任编辑 | 王　媛 |
| 封面设计 | 文　一 |
| 出　　版 | 吉林出版集团股份有限公司 |
| | （长春市福祉大路 5788 号，邮政编码：130118） |
| 发　　行 | 吉林出版集团译文图书经营有限公司 |
| | （http：//shop34896900.taobao.com） |
| 电　　话 | 总编办：0431-81629909　营销部：0431-81629880/81629900 |
| 印　　刷 | 吉林省六一文化传媒有限责任公司 |
| 开　　本 | 710mm×1000mm　1/16 |
| 字　　数 | 210 千字 |
| 印　　张 | 13 |
| 版　　次 | 2024 年 6 月第 1 版 |
| 印　　次 | 2024 年 6 月第 1 次印刷 |
| 书　　号 | ISBN 978-7-5731-5577-1 |
| 定　　价 | 78.00 元 |

如发现印装质量问题，影响阅读，请与印刷厂联系调换。电话：18686657256

# 前　言

在21世纪这个日新月异的数字时代，信息技术的飞速发展不仅改变了我们的生活方式，也对教育领域产生了前所未有的影响。英语，作为国际交流的重要桥梁和全球文化的通用语言，其教育方式与教学方法在数字浪潮的冲击下正经历着深刻的变革。从传统的黑板粉笔到如今的智能教室、在线学习平台，从单一的课本阅读到丰富的多媒体资源，英语教育正逐步迈入一个多元化、个性化、高效化的新时代。

数字化技术不仅为英语学习提供了海量的学习资源和便捷的学习工具，还使得学习过程更加生动有趣，极大地激发了学生的学习兴趣和积极性。同时，它也打破了地域和时间的限制，使得优质教育资源得以更广泛的传播和共享。

正是基于这样的背景，《数字时代英语教育：教学创新与教师素养探索》应运而生。本书旨在深入探讨数字时代英语教育的最新趋势与挑战，分析教学创新的具体路径，同时关注教师素养的提升与发展。书中不仅梳理了关于数字教育、英语教学及教师专业发展的最新研究成果，还结合大量一线教师的教学实践，提出了切实可行的操作策略和建议。

在撰写本书的过程中，笔者深知自身学识有限，书中难免存在不足之处，衷心希望广大读者能够不吝赐教，提出宝贵的意见和建议。

最后，笔者要特别感谢那些在本书编写过程中给予我无私帮助和支持的专家学者、一线教师以及所有提供宝贵参考资料的机构和个人。没有你们的支持与贡献，本书的完成将难以想象。在此，向你们致以最诚挚的谢意！

# 目　录


第一章　英语教育概述……1

第一节　英语教育的理论基础……1

第二节　英语教育的原则与影响因素……8

第三节　素质教育理念下的英语教育……17

第二章　数字时代的英语教育新视野……25

第一节　数字技术的教育变革力量……25

第二节　全球化背景下的英语教育需求……32

第三节　从传统教学到数字化教学的转型路径……39

第四节　未来教育趋势对英语教育的启示……45

第五节　数字时代英语教育的挑战与机遇……51

第三章　数字时代英语教学理念的革新……56

第一节　以学生为中心的个性化学习理念……56

第二节　混合式教学模式的探索与实践……62

第三节　批判性思维与创新能力培养……69

第四节　跨文化交际能力在数字平台上的提升……75

第五节　终身学习理念在英语教学中的融入……82

第四章　信息技术与高校英语课程整合的教学模式……89

第一节　信息技术与课程整合的理论与方法……89

第二节　信息技术与高校英语课程的课内整合模式……97

第三节　信息技术与高校英语课程的课外整合模式……106

第五章　基于网络多媒体的高校英语教学模式的新发展……116
第一节　高校英语翻转课堂模式……116
第二节　高校英语微课模式……126
第三节　高校英语慕课模式……131
第六章　英语教师的角色和素质……135
第一节　英语教师的角色……135
第二节　英语教师的素质概述……149
第三节　大学英语教师素养的完善途径……153
第七章　数字时代下高校英语教师发展模式……161
第一节　虚拟学习社区的概念、功能及其实证研究……161
第二节　虚拟学习社区的相关理论概述……166
第三节　知识管理与虚拟学习社区……172
第八章　高校英语教师的信息化教学素养提升……176
第一节　教师信息化教学能力概述……177
第二节　教师信息化教学能力构成……181
第三节　教师信息化教学能力的发展策略……188
参考文献……199

# 第一章　英语教育概述

当今社会，英语已成为国际通用语言，英语教育的重要性愈发凸显。改革开放后，中国的英语教育发展速度较快，国民整体英语素质普遍得到了相应提升。英语教育的发展为对外交流、文化建设和经济发展都做出了重要贡献。本章既对英语教育展开全面分析，其中，包括英语教育的理论基础、原则、影响因素，同时还对素质教育理念下的英语教育进行了相关探讨。

## 第一节　英语教育的理论基础

### 一、比较语言学

比较语言学，又称历史比较语言学。19 世纪，在语言研究内部发展需求的推动下，在生物进化学说、比较解剖学等自然科学以及其他因素的影响下，语言学家开始把语言作为独立的对象进行研究，并且形成了历史比较的研究方法，从而使语言研究作为一门相对独立的学科被建立起来，语言学史上的第一个相对独立的学派——历史比较语言学诞生了。历史比较语言学发源于 18 世纪末到 19 世纪初的德国，辉煌了一个世纪，它的建立宣告语言的研究已经不再是经学的附庸，从此，语言的研究走上科学的道路。比较语言学是把相关的各种语言放在一起进行共时比较或把一种语言各个不同的历史发展阶段进行历时比较，以找出它们在语音、词汇、语法上的对应关系和异同的一门学科。比较语言学既可以用来研究相关语言之间结构上的亲缘关系，找出它们的共同母语，又可以找出语言发展、变化的轨迹和原因。

## 二、错误分析理论

错误分析理论是20世纪中后期盛行的对第二语言或外语学习者错误的研究，通过比较学习者的母语和目标语这两种语言来探求他们之间的异同。20世纪60年代后期，英国应用语言学家科德（S.P.Corder）在1967年发表的The Significance of Learner’s Errors(《学习者错误之重要意义》)一文中提出错误分析理论，对学习者在学习过程中的错误进行系统性分析研究，从而确定其错误的来源，为教学与学习过程中进一步消除这些错误提供依据。

错误分析理论认为，外语学习者在学习一种新语言时，也像儿童学习母语一样，对目标语做出各种假设，并不断在语言接触和交际使用的过程中检验假设。在这个学习过程中，错误不仅不可避免还是必要的，因为它反映了学习者对目标语所做的假设与目标语体系不符时出现的偏差。通过分析这些错误，教师可以了解学习者如何建立假设并检验，了解外语学习者的学习方法和对目标语的熟悉程度。

错误分析理论使人们改变了对错误本质的认识，把错误从需要避免、需要纠正的地位提高到了作为认识语言学习内部过程的向导地位，随着语言学的不断发展，错误分析理论也必将得到进一步充实和完善，它对外语教学的指导作用也必将日益重要。

## 三、结构主义语言学

从19世纪末到20世纪中期，不论是在自然科学领域还是在人文科学领域都开展着一场结构主义革命。不少学者如帕西（P.E.Passy）、斯威特

（H.Sweet）、布龙菲尔德（L.Bloomfield）、韩礼德（M.A.K.Halliday）等都对语言的结构进行了分析和研究，并提出了自己的观点和理论。

### （一）美国的结构主义语言学

美国结构主义语言学家的研究工作是从研究没有文字的美洲印第安人的口头语言开始的。他们用语言符号（如国际音标）把印第安人的口头讲话如实记录下来，然后对收集到的口语样本进行不同层面的分析，研究它们的结构和特征。其后，美国结构主义语言学家又运用他们在实践中建立起来的“描写”方法去研究英语和其他印欧语系语言。他们认为语言可看作一个把意义编成语码的系统。这个系统由结构相关的成分组成，这些成分是音位、词素、单词、结构和句型。一个语言系统包括它的音位系统、词素系统和句法系统。由于语言差异性，美国结构主义语言学家认为，在学习外语时，母语会干扰和影响外语学习。当外语的结构和母语的结构不同时，学习困难和错误就会出现，学习外语主要就是要克服这种困难。他们还认为，如果母语和外语有相同的结构，学习上就不会出现困难，对于相同的结构，教学中不用教授，只要让学生接触语言就可以了。因此，在外语教学中，应集中力量去解决两种语言结构上的差异问题。为了预测学习某一外语会碰到的困难和问题，可使用对比分析（Contrastive Analysis）去比较母语与外语在结构层面上的异同。

### （二）英国的结构主义语言学

对语言结构特别是句型结构的研究，英国的语言学家做了大量的工作并取得了卓越的成效和显著的成果。英国著名的语言学家帕尔默（H.Palmer）、霍恩比（A.S.Hornby）和其他学者从20世纪20年代开始共同分析、总结主要的英语语法结构，把英语语法结构归纳成一定的句型。英国语言学家对英语句型的详尽描述和解释，为人们了解英语的内在结构提供了大量资料，也为英语教学中的语法教学和句型教学（Paraphrasing）尤其是句型转换提供了依据。如果说美国结构主义语言学家在研究语言时特别注意语言之间的差异、主张使用对比分析去预测在外语学习时会出现的困难，那么英国结构主义语言学家在研究英语结构时特别注意的是语言结构和结构使用情景之间的关系。

## 四、发生认识论

发生认识论是皮亚杰（J.Piaget）根据以他为代表的日内瓦学派对儿童心理发展的研究和其他学科有关认识论的研究而提出的一种关于认识论的理论。它试图以认识的历史、社会根源以及认识所依据的概念和“运算”的心理起源为根据来解释认识，特别是解释科学认识。皮亚杰心理学的理论核心是“发生认识论”，主要研究人类的认识（认知、智力、思维、心理的发生和结构）。他认为，人类的知识不管多么高深、复杂，都可以追溯到人的童年时期，甚至可以追溯到胚胎时期。所以儿童出生以后，认识是怎样形成的，智力思维是怎样发展的，它是受哪些因素所制约的，它的内在结构是什么，各种不同水平的智力、思维结构是如何先后出现的等都值得研究。

## 五、建构主义理论

建构主义理论是由认知主义学习理论发展而来的，它从认识论的高度提出了认识的建构性原则，强调了认识的能动性。建构主义的代表人物有皮亚杰、科恩伯格（O.Kernberg）、斯滕伯格（R.J.Sternberg）、卡茨（D.Katz）等。在皮亚杰提出的“认知结构说”的基础上，科恩伯格进一步研究了认知结构的性质与发展条件，斯滕伯格和卡茨等人强调人体的主动性在建构认知结构过程中的作用，并探索了认知过程中如何发挥个体的主动性。维果茨基（L.Vygotsky）提出的“文化历史发展理论”强调学习者所处的社会文化、历史背景在认知过程中的作用，并提出了“最近发展区”的理论。这些研究进一步丰富和完善了建构主义理论，为理论更好地应用于教学创造了条件。建构主义理论的基本观点是，学习需要在教师的指导下坚持以学生为中心的原则。也就是说，该理论主张学生是信息加工的主体，是意义的主动建构者，而不是外部刺激的被动接受者和被灌输的对象。教师是学习的意义，建构的帮助者和促进者，而不是知识的传授者和灌输者。直到 20 世纪 90 年代，随着科学技术的迅猛发展，多媒体和网络技术为建构主义理论学习环境提供了技术支持，使得建构主义学习理论教学设计思想得以实现。

## 六、心灵主义习得理论

### （一）普遍语法

乔姆斯基（N.Chomsky）是心灵主义习得理论的代表人物之一，他提出心灵主义的习得理论目的是要解释儿童母语的习得问题。乔姆斯基认为任何发育正常的儿童能在短短几年内获得母语使用能力，这个事实用行为主义学习理论解释不了。在乔姆斯基看来，人类有一个与生俱来植于大脑里的所谓语言习得机制（Language Acquisition Device，LAD）或普遍语法（Universal Grammar, UG）。这是一种假设，因为至今还未被证实。按照乔姆斯基的理论，外部环境和语言输入只有“激活”语言习得机制的作用。语言输入进入人脑就创立了一种语言知识，这种语言知识包括“原则”“参数”和“词汇”。尽管乔姆斯基的理论不论在解释母语习得还是在解释第二语言习得方面都还存在争议，但正如郭杰克所说：“对乔姆斯基的普遍语法理论进行深入的探讨会有助于揭示语言习得的奥秘，至少从普遍语法的角度去研究语言习得会给我们一个新的视角，从而有助于我们对问题有更为全面和更为深入的思考。”[①]

### （二）克拉申的监察模式

克拉申（D.Krashen）是美国南加州大学语言学系的教授。在一系列他人和自己研究的基础上，他提出了旨在解释第二语言是如何习得的学习理论。他的理论被称为监察模式。克拉申的监察模式由 5 个假设组成，即习得和学得假设、自然顺序假设、监察假设、输入假设和情感过滤假设。

① 郭杰克 . 当代英语搭配大词典 [M]. 北京：高等教育出版社 , 2002.

按照习得和学得假设（Acquisition-Learning Hypothesis），培养第二语言或外语能力有两种不同的途径，一种是习得，另一种是学得。习得是一种自然的方式，它是一种觉察不到的过程，像小孩习得母语一样，学习者在有意义的交际中，通过对语言的理解和使用，自然获得使用语言的能力。学得是指有意识地学习语言规则的过程。学得最后能弄懂语言知识，并能把语言规则予以表述。正规学习能促使学得发生，对错误的纠正能帮助弄懂规则，但学得不能促使习得发生。克拉申提出自然顺序假设来说明习得语言规则是有一定的次序的。按自然顺序假设，一种语言的语法规则或结构是按一定的、可以预示的顺序习得的，在第二语言或外语学习时有类似情况。克拉申提出语言输入假设来说明语言是怎样习得的。他认为，只要人们接收到足够的语言输入，而这些输入又是可以理解的，那么人们就可以习得语言。克拉申还提出监察假设来说明学得的作用。克拉申认为，有意识的学的（知识或规则）只能起到监察的作用，这种监察作用可以发生在写或说前后。克拉申提出情感过滤假设（Affective Filter Hypothesis）来说明心理或情感因素对外语学习的影响。影响外语学习的心理或情感因素包括一个人的动机（Motivation）、信心（Self-confidence）和忧虑程度（Anxiety）。克拉申把情感因素看作可以调节的过滤器，这个过滤器可以让语言输入自由通过或阻碍语言输入通过，而语言输入只有通过了过滤器才能运行语言习得机制并为大脑所接收。因此，在外语学习过程中，强烈的动机、自信心和偏低的忧虑状态对习得来说是较为有利的。

上述的 5 个假设构成了克拉申外语教学理论，这个理论对外语教学有一定的启示作用。

按照克拉申的外语教学理论，进行外语教学时应该尽量向学生提供可理解的语言输入，为学生习得语言创造一个有利的环境。教师应使用一切手段来增加语言输入的可理解性，可采用直观的教具（如实物、图片、电影等）来辅助教学，也可以按学生水平，使用不同的词汇和语言结构进行教学。此外，教师应创造一个轻松愉快、自由自在的学习气氛，只有这样，语言输入才能更有效地为大脑所接收。因此，不要强加压力于学生，在学生不会回答问题或还未有能力作答时，不要强迫他们作答。在学习的最初阶段，可使用“全身反应法”来教学，这样可以减少学生的忧虑，避免产生害怕犯错的心理。与此同时，语言输入应是有趣的，学生应在教学中参与有意义的交际活动，而不是句法形式的训练，这样才能更好地调动学生学习的积极性，提高学习的效率。由于习得依赖可理解的输入，课堂活动应集中在听和阅读两个方面的训练上，说的能力会自然产生。

## 七、社会语言学

社会语言学是一门新兴的语言学分支，主要研究语言的社会本质和差别以及影响它们的社会因素。由此可见，社会语言学将语言当作一种社会现象进行研究，并认为语言最本质的功能就是社会交际功能。美国社会语言学家海姆斯（D.Hymes）认为，儿童是在社会化的过程中自然而然地习得母语的。他们不仅能说出符合语法和本族语习惯的句子，还能在一定的场合、情境中使用恰当的语言。[①] 另外，海姆斯还指出：“交际能力是运用语言进行社会交往的能力，既包括语言能力，也包括影响语言使用的社会文化意识能力；既包括言语行为的语法正确性，又包括言语行为的社交得体性。”[②] 这一理论即“交际能力”理论。

总之，社会语言学主要研究语言与文化、职业等之间的关系，以及对语言在不同社会环境及条件下的应用。社会语言学认为，人们在表达同一思想内容时所使用的语言会因为种族、民族、性别、年龄、身份、经济地位、文化程度及场合等方面的不同而产生很大差别。社会语言学的研究促使人们更加关注语言使用的得体性，同时也促使教育工作者更加重视培养学生得体地使用语言的能力。在此影响下，交际法应运而生。

① 海姆斯 . 恶梦 电影脚本 [M]. 杨光慈，注释 . 北京：外语教学与研究出版社，1981.
② 海姆斯 . 恶梦 电影脚本 [M]. 杨光慈，注释 . 北京：外语教学与研究出版社，1981.

# 第二节　英语教育的原则与影响因素

## 一、英语教育的原则

### （一）以学生为中心原则

学生是教学活动的主体和内在因素，教师若想充分激发学生的主观能动性，从而提高教学质量，就必须以学生为中心。所谓以学生为中心，就是在教学过程中，从学生实际情况出发，设计和组织教学活动，进而培养学生的交际能力。在英语教学中，教师的指导作用不容忽视，但是充分调动学生的积极性才是教学质量有效提高的保证。以学生为中心需要教师在教学中为学生的学习创造条件。教师的“教”必须建立在学生“学”的基础上，教师的“教”要以学生的“学”为依据。教师在教学中的所有活动都必须考虑学生的心理和需要，根据学生的反应来调节自己的教学活动。

首先，备课是教师教学的重要环节，教师可以通过备课了解学生。教师可以通过学生在课堂上的表现、测试成绩等了解其学习状况，这些都有利于教师根据学生的学习水平、接受能力、学习风格以及学习态度等来设计教学实践活动。教师在备课中应尽量设计一些开放性较强的任务，这样可以促使所有学生参与进来，使学生真正成为学习的主体。其次，教师要根据学生的特点、知识结构、学习兴趣等内容进行形式多样的活动设计。学生的性格各不相同，性格开朗外向的学生往往善于表现自己，对教学活动的参与度较高。而那些性格比较内向的学生不善言谈，羞于表达，对于教学活动的参与度则低。这样的情况就要求教师在尊重学生差异性的基础上设计一些尽量使所有学生都可以参与的教学活动。教学活动设计必须能够激发学生的参与积极性，且能够保证学生的全面参与。

## （二）兴趣性原则

1. 兴趣性教育原则的依据

（1）对兴趣教育价值的肯定。确认兴趣在教育中的重要意义和地位，反映了对兴趣与教学过程的密切关系的认识，体现了教学内在规律对教学原则的要求。在教育史中关于兴趣教育价值的论述不胜枚举，归纳起来主要有以下几个方面：兴趣是学生求知的内在动力和愉快学习的诱因，这种状态下教学效果最佳；兴趣是牢固掌握知识和提升学业成绩的保障，对智能发展作用巨大；兴趣维持长久的注意力，可促进学生努力训练；兴趣具有德育价值，是促进个性全面发展的要素；兴趣推动自我终身学习，对成功成才也具有特殊意义等。特别值得一提的是杜威（J.Dewey）的观点。杜威（J.Dewey）在《我的教育信条》中认为，兴趣是教学的起点和决定课程进度的真正中心，并且“方法的问题最后可以归结为儿童的能力和兴趣发展的顺序问题。提供教材和创立教材的法则就是包含在儿童自己本性之中的法则”，“因此，经常而细心地观察儿童的兴趣，对于教育者是最重要的。”①

（2）以兴趣为取向的教学目标。把学习兴趣当作教学目标，是教育兴趣说的一个跨越，也反映了一定教学目的对教学原则的要求。中国古代即有从孔子肇始的“知之者不如好之者，好之者不如乐之者”（《论语·雍也》）的一贯主张，讲的就是好学、乐学的重要性和追求以学为好、以学为乐的境界。在西方，以兴趣为取向的教育目的观可追溯到卢梭（J.J.Rousseau）。他说：“我的目的不是教给他各种各样的知识，而是教他怎样在需要的时候取得知识，是教给他准确地估计知识的价值，是教他爱真理胜于一切。”②赫尔巴特（J.F.Herbart）明确指出：“教学的最终目的虽然存在于德行这个概念之中，但是为了达到这个最终目的，教学必须特别包含较近的目的，这个较近目的可

① 约翰·杜威．我的教育信条 [M]. 彭正梅，译．上海：上海人民出版社，2017.

② 卢梭．《爱弥儿》[M]. 李平沤，译．商务印书馆，1978.

以表述为‘多方面的兴趣’。”[①] 赫尔巴特（J.F.Herbart）认为兴趣是目的也可为手段。

2. 兴趣性教育原则的实施

（1）充分尊重学生的主体性。教育是一种主动的过程，教师必须清楚地认识到英语课堂的主体是学生。只有通过学生积极主动地尝试与创造，教学活动才能达到预期的效果，学生也才能获得认知和语言能力的发展。因此，教师要从学生的心理和生理特点出发，遵循语言学习规律，采用多种教学方式，培养学生兴趣，让学生通过体验和实践进行学习，逐渐形成语感并提高交流能力。

（2）营造轻松愉快的学习环境。学习环境的好坏，在趣味教学中占有重要的地位。轻松愉快的课堂氛围可使学生热情地投入到学习中，带动学生高效率地听课，引发学生的兴趣和求知欲。教师上课时，尽可能多用抑扬顿挫、风趣幽默的语言，并配以丰富的表情和手势来组织课堂教学，让学生在开放的教学环境中轻松学习。

（3）对教材进行深度挖掘。教师在备课过程中，应认真地研究教材，挖掘教材中学生感兴趣的内容与话题，最大限度地调动学生的积极性。例如，英语课堂教学可以尽量把日常生活中的交际形式（如生活里常见的问候、打招呼，对人、物、画面的介绍等）搬到课堂上，为学生在日常生活中使用课堂上所学的英语创造条件。生活里常见的交际形式在课堂上练习得越多，学生用英语进行交际的能力就会逐渐提高。

### （三）交际性原则

语言是交际的工具，人们只有借助语言才能交流思想、传递信息。美国社会语言学家海姆斯指出，交际是在特定语境中说话者和听话者、作者和读者之间的意义转换。由此便能总结出交际的以下几个特点：一、交际有口语

① 赫尔巴特．普通教育学 [M]．尚仲衣，译．商务印书馆，1936.

和书面语两种形式。二、交际只在一定的语境中发生。三、交际需要两个以上人员参与。四、交际需要两个或多个参与者之间的互动。

学习英语的目的在于用英语进行交际，而英语教学的目的是培养学生使用这种交际工具的能力，能够运用所学的语言知识在不同场合下对不同对象进行有效得体的交际就是交际能力的核心。因此，在英语教学中必须贯彻交际性原则，使学生能够运用所学语言与人交流。具体来说，英语教师要在英语教学中做到以下几点。

（1）教学过程交际化。教学过程实际上是一个师生输出和接收信息的过程。交际性教学原则充分体现了语言教学的目的和实质。要求教学过程交际化，即要求语言教学过程成为师生运用语言作为交际工具进行交流的过程。交际性教学原则的英语教学过程如下：已知英语知识的交际实践→新的英语语言项→新旧英语知识的综合交际实践。在这样的教学过程中，教师是语言交际活动的组织者，根据教学目的和学生的实际情况把已授和新授的语言知识融入交际训练中去；学生是语言交际活动的积极参与者，在教师的引导下，在交际环境中真实地使用所学语言知识进行交际。

（2）教学内容语境化。语境就是上下文单词、短语、语句或篇章的前后关系。单词、短语、语句等基本语言单位只有在一定的语境下才具有其确切真实的含义，脱离了语境，语言单位就不具备交际功能。语境化是英语教学的基本前提。任何教学内容包括词汇、语音、语法等如果脱离了语境进行教学，教学效果都将是不理想的，学生不可能确切掌握所学语言知识的交际功能。例如，在词汇教学中，如果教师对一个单词或词组进行简单的语音、语义的讲授，学生是不可能掌握其真实含义和确切用法的。但教师如果把该单词和词组设置在一定的语境中进行讲解和训练，教学效果就显然不同了。

（3）教学手段现代化。在课堂教学中给学生提供使用外语进行交际的机会和场所，即在课堂上大量模拟实际交际的各种场景，这是交际性教学的一大特点。但在我国的实际英语教学中，运用传统的教学手段在课堂上大量创造模拟实际的交际场景是很困难的，因为缺少英语国家的交际环境，而且即使勉为其难地做起来也费时费力。现代化的教学手段便能解决这一难题。英语教师可以运用多媒体或网络辅助教学等方式把学生融入真实的英语交际场景中，让学生体验地道的英语，感受英语国家的文化。运用多媒体辅助外语教学是当前最先进的教学手段之一。多媒体形象且直观，是集图、文、声、像于一体的语言学习载体，可以为学生提供一个极为轻松愉快的语言学习环境，能够激发学生的学习兴趣和交际欲望。

### （四）循序渐进原则

英语教学中的循序渐进原则包括以下三层含义。

（1）学生在学习语言时应从口语开始，然后逐渐过渡到书面语。首先，从语言发展的历史来看，先有口语后有书面语。因此，学生学习英语应从听、说（口语）开始，逐渐过渡到读、写。其次，口语词汇比较常用，句子结构简单，比书面语更容易学习，因而也容易激发学生的积极性与自信心。最后，通过口语学习，学生可以尽快地获得日常生活所需的交际技能，有利于学用结合，使教学生动活泼。因此，学生学习英语应从听说（口语）开始，逐渐过渡到读写。

（2）在听、说、读、写等语言技能的培养上，应首先侧重听、说能力的培养，逐渐过渡到读、写技能的培养。听、说、读、写是英语的四项基本技能，应全面发展。但是，由于我国大部分学生缺少英语学习的语言环境，听便成了他们获取英语知识和纯正优美语音、语调的最佳途径。另外，听、说教学还能使学生学到基本的词汇和句子结构，从而为读、写能力的培养奠定基础。因此，在英语学习的初级阶段，教师应加强“听、说”教学，每节课都要尽可能地为学生创造良好的语言环境，让学生在充足的“听”的练习中学习英语，并通过师生之间和同学之间的语言交流，让学生不断巩固、不断更正，灵活运用所学的英语知识。在培养听说能力的基础上，循序渐进地向读、写教学过渡。

（3）英语能力的提高，是一个螺旋式发展的过程，必须循环往复，逐步深化。但这种循环不是单纯的重复，每一次重复都是以旧带新，从已知到未知，都在前一次学习的基础上在深度和难度上有所提高。因此，教学的各个部分以及前后课之间应该紧密联系，使得前面所教的内容为后面的内容打下基础，教授新内容前要复习之前所学的内容。换句话说，教师应注意在学生已有的语言知识和已熟悉的语言技能基础上，讲授新知识，培养新技能。

### （五）真实性原则

所谓真实性原则就是为了提高英语教学质量、教学效率和教学成绩，英语教师应该对教育因素的真实内涵，尤其是英语教育的真实目的、学生的真实学习目的和动力、真实学习兴趣与真实学习困难等有所把握，并保证英语教学中的语义、语境、语用材料、教学过程、教学策略、教学方法和技巧以及教学技术等因素的真实性。在英语教学中，遵循真实性原则就是保证各个环节的真实，以培养学生综合语言运用能力为总目标，在真实的环境中获得真实的语言能力。

在英语教学中要实现真实性原则，需要做到以下几个方面。

1. 语言材料的真实性

在英语教学中，学生接触到的语言材料大多是为教学目的而改编的，这些材料的优势是，系统性强、信息量大，便于课堂操作。但我们也应看到，仅仅依靠这些材料无法培养学生的实际语言运用能力。特别是在非母语环境下，社会、家庭缺乏相应的语言环境，课堂几乎是学生唯一的语言习得场所。在这种情况下，给学生输入真实语言材料显得尤为重要。

2. 语言教学环境的真实性

交际性、任务型英语教学的实施，需要一个真实的语言环境。因此，帮助学生建立语境化的参考框架，形成主动的语义表达和推理机制，将成为提高学生话语理解和表述能力的有效途径。情景语境是一种物理语境，是言语交际与习得各种显性因素的总和。在课堂上，教师布置一项交际任务时，要尽量明确规定好各相关语境因素，并利用各种条件创设，补充缺失语境，使学生在特定的语境下进行语言操练，从而保证任务的真实性。现代教学手段的应用在一定程度上为在英语教学过程中创设真实的情景语境提供了便利条件，教师可以利用多媒体手段在课堂上实现英语教学材料的视听同步，使学生边听边看，仿佛身临其境。

3. 语言能力的真实性

威德森（H.G.Widdowson）提出，在英语教学中，应区别“用法”（Usage）和“应用”（Use）。他指出，衡量一个语言结构“用法”的标准是看它是否正确，而“应用”则应该用是否恰当来衡量。[①] 如上所述，英语教学的最终目的是培养学生的综合语言运用能力，这种能力不是语法能力，而是一种语用能力。在英语教学过程中，对学生语用能力的培养要贯穿英语教学的全过程。在课堂上，要结合实际情况设计和运用一些活动对学生进行跨文化语用能力的训练。近年来，英语教学领域非常注重教学环节的任务性，即教师在设计活动时，首先要有明确的目的，要把活动设计成要求学生来完成的任务。这种任务要力求真实性、针对性、可操作性，使学生在完成教师所设计任务的过程中训练语言的运用能力。

### （六）正确使用母语原则

1. 适当用母语进行解释

英语学习是在母语习得后进行的学习活动。在英语学习之前，学生已能用母语进行交际，他们的时间、地点以及空间等概念已经形成，学习者已学会了用母语来表达这些概念。这时，用一种新的语言来构建概念就会比较难，而借助母语已建立起来的概念，教师只需要教会学习者一种新的符号表达形式，就可以使学习者较快和较好地掌握某些概念。因此，适当地使用本族语进行解释能起到清楚、明了和加深印象的效果。

① 威多森 . 英语教学中的问题 [M]. 上海：上海外语教育出版社 , 2013.

2. 通过母语与英语的比较帮助学生理解

适当使用本族语有利于本族语与英语的比较，帮助学习者更好地理解两种语言各自的特点，从而在英语学习过程中排除本族语的干扰。英语学习是一个相当复杂的过程。在这一过程中，学习者很可能会因本族语系统的影响时而犯错误。如果能在适当的场合，结合英语学习的内容，对英、汉两种语言在某一结构、某一用法上的差异和特点用本族语进行简单讲授，学习者通过比较将会了解并明确英、汉两种语言在使用上需要注意的问题，那么他们在使用英语进行交际时，就会对本族语系统经常造成英语使用中的错误进行刻意避免，从而提高英语使用的效果。

## 二、英语教育的影响因素

### （一）教师

教师是英语教育的重要因素，在英语教育中起着主导作用。在英语课堂上，教师主要充当两种角色，即掌控者和引导者。作为一名合格的英语教师，首先应该发音纯正。然而，并非所有的英语教师都具有纯正的发音，所以教师可借助多媒体等手段来弥补自己的不足，确保学生在课堂上所听到的语言都是纯正的。同时，教师在讲解单词、句子、课文时，应该穿插一些解释，对难懂的词语要不断重复。

在多数英语课堂上，教师的讲话占据课堂时间的大部分。不可否认，教师的讲话有利于学生的语言习得，但也不能因此牺牲掉学生的练习时间。同时，教师还要注意不断变化教学形式，以增强课堂的趣味性。一个合格的英语教师还应具有一定的应变能力，能预测课堂活动中出现的状况，能很好地处理课堂上的突发事件，确保课堂活动的有序开展。

此外，教师应该随时调整自己的提问方式、语言运用及提供反馈的方式。在英语课堂上，提问是教师常用的一种教学手段。通过提问，可以有效激发学生的学习兴趣，促使学生积极思考，帮助教师诱导某些知识结构。另外，语言运用的方式也很重要，为了让学生对所讲述的知识有充分的了解，教师在教学中可采用重复话语、降低语速、增加停顿、改变发音、调整措辞、简化语法规则及调整语篇等措施。

学生是英语教学的重要反馈者，同样，教师的反馈也是十分重要的。所谓教师的反馈就是指教师针对学生的学习情况提供反馈。教师的反馈可以是对学生话语的回答，如指出学生问答的正误、赞扬鼓励、扩展学生的答案、重复学生所答、总结学生回答、批评等。总之，教师的目的就是采用不同形式的教学方法，调动学生的积极性，扩展学生的知识面，培养学生的学习能力，提高整体的教学效果。

### （二）学生

学生是课堂学习的主体。《现代汉语词典》中给出的“主体”定义就是“有认识和实践能力的人”。由此可知，学生能够作为学习的主体，是因为他们具有一定的认识和实践能力。在英语教育中，教师要教会学生通过感官获取来自教材的各种信息，并学会对这些信息进行比较、分析、综合、概括，进行去粗取精、去伪存真、由此及彼、由表及里的思考，抓住事物的本质，发现事物的内在联系，从而归纳出事物的规律，形成科学的知识体系。经过这一过程之后，学生不仅学到了英语知识，提高了英语交际能力，而且在学习过程中锻炼了独立自主的学习能力，学会了独立解决新问题。可见，学生学习的过程，就是不断主动丰富自己的主观世界、不断完善自己的内化过程。教师在教学的过程中需要注意学生这一角色的特殊性以及不同学生所具有的个体差异性。

### （三）环境

1. 社会环境

随着我国经济的快速发展，社会对具有英语语言能力人才的需求越来越大、越来越高。越来越多的中国企业和中国人走出国门，英语学习成为人们的强烈愿望。可以说，大学英语四六级就是在这种时代召唤下逐步成长和壮大起来的，同时，它也对英语教学和学习起到了一定的助推作用。

2. 学校环境

（1）教学设备。教学设备是学校教学的重要组成部分，学校教学设备包括很多方面，教室、图书馆、实验楼、办公楼、宿舍等。教学设备的完善程度直接影响着英语教学活动的开展。好的教学设施，如教学楼以及图书馆等都有助于增强学生的学习意识。一些语音教室和多媒体设备可以为学生的英语口语学习提供必要的技术支持，学生可以通过语音教室等练习口语，这些设施也在一定程度上缓解了学生的学习疲劳，有助于激发其英语学习兴趣。总之，这些现代化的教学设备为英语教学提供了很好的环境。

（2）教学信息。现代化的教学设施不仅可以为学生创造学习条件，还可以拓宽学生的信息渠道。学生的英语知识不仅可以通过教材和课本获得，还可以通过互联网等获取。英语学习需要实践，因此，现代网络技术为英语学习提供了很好的信息来源，学生能够通过互联网等渠道与英语世界进行交流和学习。

## 第三节　素质教育理念下的英语教育

### 一、素质与素质教育

#### （一）素质的界定

从不同角度出发，可以对“素质”概念做出不同的界定。生理学认为，素质是有机体生来具有的某些解剖生理特点。按人们一般的认识，素质常指一个人所具有的、基本稳定的特质，即素养和涵养。教育学的解释为，素质是指人在先天生理基础上，受后天教育的影响，通过自身努力养成的比较稳定的身心发展的基本品质。显然，教育学对素质含义的界定既考虑了个体先天的生理基础，又考虑了后天环境教育的影响，符合一般意义上人们对素质的理解。

根据教育学的解释，我们不妨对“素质”予以如下表述：人的素质是在原有生理、心理条件的基础上，通过后天的教育培养、学习实践而形成的基本稳定的身心品质要素的总和。素质本质是经过长期内化，积淀在身心中的“潜能”。在一定的外界条件诱发下，这种“潜能”就会立即转化为人的语言或行为。例如，一个人经过长期的思想教育，形成了“见义勇为”的优秀品质，这种品质就是素质。不是所有人都能背诵全部法律条文，但通过学习却增强了法律意识，懂得遵纪守法，这也是素质。也就是说，素质尽管“从来也不用想起，却永远也不会忘记”。一旦外界发生突发性事件，这种潜在的素质便会立即释放出来，变成挺身而出的自觉行动。所以说，素质的形成是一个长期的过程，而素质的表现是人的社会活动。

### （二）素质教育的内涵

一般认为素质教育就是以每个受教育者已有素质为基础，以尊重受教育者自主性为核心，以社会需要素质为追求，对教育内容、途径、方法、手段进行有计划地运用与实施，将未来社会对人才素质的基本要求有效地转化为每一个个体自我发展的追求，在个性潜能有效得到外化的过程中，逐步形成社会所需要的素质教育，一般侧重指基础教育。素质教育以提高全民族素质为宗旨，为实现教育方针规定的目标，着眼于受教育者群体和社会长远发展的要求，以面向全体学生、全面提高学生的基本素质为根本目的，注重开发受教育者的潜能，促进受教育者德、智、体诸方面发展。

### （三）素质教育的基本特征

1. 基础性与发展性

“就本质言，基础教育可以称为素质教育。”发展和完善人的基本素质是基础教育的宗旨，因此，基础教育的本质就是素质教育。素质教育具有基础性，这也是相对于专业性和定向性来说的。素质教育注重学生一般知识和能力的培养，不是让学生成为某专业领域的行家，不同于专业素质和职业素质。我国教育改革的目的是提高全民族的整体素质，而每个人的素质是整个民族素质的基础。同时，素质教育具有未来性。“人既是手段，又是目的”，教育不仅仅是为了眼前的升学目标和就业需求，更是立足于未来社会的需要。素质教育所重视的基础知识和基本技能为学生将来的发展奠定了基础，它更注重培养学生的公民素质，为社会主义的建设培养有用之才。分析学生现在的一般学习和发展情况，有利于预测学生未来的发展，如果教师根据预测结果来调整每个学生的教学方法和方案，那么将会促进每个学生未来个性的更大发展。因此，素质教育的基础性和发展性既要求培养学生基本素质，又要求教授学生学习的方法，让学生学会学习、学会生存，培养学生的创新意识和创造能力。

2. 创新性

教育要为经济建设服务，要为祖国的现代化服务，就必须超前发展，根据未来社会的发展趋势以及对人才素质的要求，调整教学计划，科学设置课程，采用相应的教学内容和教学方法，使人的各方面素质，尤其是适应能力和创造能力得到迅速提高。素质教育不仅注重学生现在的一般发展，重视学生现在一般发展对未来的发展价值和迁移价值，而且重视直接培养学生的自我发展能力。面向未来的人才必须具有强烈的开拓创新精神，这种开拓创新精神，不是靠死记硬背的教学方式培养出来的，而是靠灵活多样的创新性教育活动培养出来的。创新性的教育活动，要求按规律办事，在课堂教学时间内高质高效地完成教学任务。在课余活动当中，充分发挥学生的个性特长。创新性的教育教学活动，不仅以教学规律为基础，而且以理论联系实际为教学的根本原则，反对空洞的说教，使教学内容与社会生活现实和学生的实际情况融为一体，引导学生学习研究发明创造的规律和创造方法，培养他们的创新能力。只有这样，学生各方面的素质才能得以较快提升。

3. 主体性与人本性

学生有主体意识和主动精神，具备自主学习的能力。素质教育注重弘扬人的主体性、以人为本，把学生看作具有主观能动性的完整的人。素质教育的核心和灵魂是主体性，它的根本意义是促进学生全面而主动地发展。主体性是人的本质特征和内在特性，是人区别于其他动物最本质的特征。因此素质教育具有主体性和人本性。在教育活动中教师应引导学生主动学习，激发学生的能动性，促进学生形成健全的人格。因此素质教育要求在注重学生主体性和人本性的同时对学生进行科学的引导，不是完全放纵学生的行为，而是在主体性原则下让学生朝着预期的目标发展，把学生的主体性和教育目标有机联结起来。素质教育体现了以人为本的教育理念。

4. 层次性

从纵向来看，任何一个事物的发展都会显示出一定的层次性，素质教育也不例外。而素质教育的层次性，是由素质本身的层次结构所决定的。根据心理学的研究，现在一般公认，素质是由生理素质、心理素质和社会素质等三个层次构成的。生理素质是素质的最低层次，它是人们与生俱来的感知器官、运动器官、神经系统特别是大脑在结构上和机能上的一系列特点的综合。它是纯先天的自然素质，也就是过去心理学上所说的素质。心理素质是第二个层次，它是在先天自然素质的基础上，通过后天的教育作用、环境影响而逐步形成的。它尽管形形色色，纷繁复杂，但总可以一分为二，即认识——智力因素和意向——非智力因素。它是先天与后天的“合金”。社会素质是最高层次，人们后天获得的一切东西，如政治观点、思想认识、道德品质、行为习惯、知识技能，乃至世界观、人生观、价值观等都是。它是纯后天的东西。在素质教育中，我们应当在这种层次上开展工作，既要注意各素质层次之间的相对独立性，又要考虑它们之间的内在联系与相互依存性。

## 二、素质教育融入英语教育的主要方法

### （一）更新英语教育观念

观念是行为的先导，实施素质教育首先要使英语教师认识到英语素质教育的本质，要切实转变观念。第一，转变英语教育目的观。英语教育旨在提高全体学生的英语水平，注重激发学生的学习兴趣，为进一步深造打好基础。教师在教学过程中要使学生的个性特长得以和谐发展。树立重视发展学生的交往、表达、思维、自学和创新等能力的教育观念。只有树立这些教育观念才有可能使学生成为社会需要的高素质英语人才。第二，转变英语教学质量观。教学质量观影响着人才培养的规格。就中学英语学科来说，其教学的质量要求就是大幅度提高学生英语水平，注重听、说、读、写等全面训练，使不同层次的学生获得英语基础知识和能力的提升。第三，转变英语教学方法观。在教学方法上，教师在教学中必须突出交际性原则，有效激发学生的语言活动中枢，使每个学生得到最大限度的收获。

### （二）树立平等、民主、和谐、向上的新型师生关系

高质量的英语素质教育，既与英语教师自身素质和态度相关，又与学生的辛勤刻苦相关。平等、民主、和谐、向上的师生关系，是英语素质教育的前提条件和重要保障，既有利于教师的教，更有利于学生的学，两者的良性互动才能发挥出教学相长的巨大威力，实现英语素质教育的最大化。英语教师应该发挥主导作用，主动作为，努力与学生共同建立起融洽向上的师生关系。

### （三）推进隐性课程

1. 隐性课程的含义

隐性课程一般被认为是相对于显性课程而言的一种课程形态。显性课程指学校教育中列入教学计划，具有直接、明确教育目标的学科课程和活动课

程。隐性课程指“学校教育的非学术结果，这些结果不仅重要而且系统地发生，但未明示于各级公立学校的教育理论或原理之中”[①]。隐性课程深藏于学校文化之中，它没有直接、公开地向学生施教，而是以隐蔽的方式，把有关信息渗透到具体的人、事、物以及活动过程之中，并传授给学生，具有隐蔽性、间接性、广泛性、渗透性、持久性等特点。隐性课程主要通过感染、暗示、熏陶等方式影响和促进学生非理性因素的发展，对学生的知识、情感、信念、意志、行为和价值观等方面产生潜移默化的影响，给理性因素发展提供动力和感性经验。

隐性课程在学校教育中普遍存在，英语隐性课程是指在英语教育过程中，学生在英语显性课程之外无意识获得的内隐的、非计划性的、具有多维文化浸透性质的学习经验。隐性课程一般分为物质形态、精神形态、活动形态等类型。物质形态的英语隐性课程主要包括英语学习者的学习和生活场所，英语教材和馆藏的英语文献等学习材料，外语多功能阅览室、英语电子资源、语言实验室、多媒体教室、英语电台、校园网络等也属于这一类。精神形态的英语隐性课程，主要涉及英语教育的办学理念、教师气质、领导作风、思维方式、教学艺术、校风班风、学术氛围、人际关系等校园文化以及学校的管理制度、考试制度等。活动形态的英语隐性课程主要指能给英语学习者带来隐性教育影响的课外活动，如英语演讲、辩论、朗诵及口译、笔译、多媒体课件制作等各种活动。丰富多样的英语隐性课程从不同层面不知不觉地带来了一些非预期的学习经验，潜移默化地陶冶着英语学习者的心灵，影响着他们的言行和思维。

2. 隐性课程在英语素质教育中的应用

英语素质教育是立足于未来的综合教育，它重视在英语教学中渗透对学生的品格教育和情感教育，重视培养学生对异国文化的正确态度和进行跨文化交际的强烈意识，重视提高学生创新能力、合作能力，优化学生的语言学

① 马国新 . 隐性课程 [J].《新班主任》，2020(7)：61.

习策略，协调发展学生的语言素质、文化素质、思想品德素质和心理素质。隐性课程能很好地达到其中某些教育目标，特别是在发展学生的习惯、情感、态度、人格、行为素养等非智力因素方面有着特殊的作用。在培养学生的独立性、主动性、创造性和适应环境、与人交往的能力方面，目前学校的英语显性课程中除了少数课程有鲜见的理论涉及外，很少有其他的相关训练，更多的锻炼与实践环节则是由隐性课程的潜移默化完成的。隐性课程与英语素质教育在本质上存在的这些广泛、直接的相容性，是隐性课程发挥素质教育功能的基本前提。此外，英语素质教育是一种面向全体学生、全面提高学生综合素质、促使学生积极主动地发展的教育，全体性、全面性、主动性集中概括了高校英语素质教育的本质特征。英语隐性课程也符合这些本质特征。在全体性方面，英语隐性课程是通过信息渗透于环境对学生产生影响，不是单独针对某个特殊群体或个人，一经实施就如同磁场一样使身处环境之中的每一个学生公平地受到感染和教育。在全面性方面，英语隐性课程内容涉及学校物质、精神、活动环境的各种要素，影响到学生的知、情、意、行等各个方面。在主动性方面，英语隐性课程没有设立具体的教学目标和教学任务，没有固定的教学模式，没有强制灌输的教学方法，没有强制的纪律约束，学生在耳濡目染中受到启发和教育，主动性得到充分发挥。

### （四）改变课堂教学模式，更新教学内容方法

在英语课堂教学中，教师要改变教学模式，从注重讲授的应试教育模式转变为注重应用的素质教育模式，为学生创设情境，促进英语语言能力的发展。教师在课堂上为学生提供语言情景的主题，让学生自编对话，自主分角色表演，自主合作探究，引导学生组织语言表达，激发学生的语言兴趣，培养学生的英语思维和表达能力，使英语真正成为语言交流的工具。教师在课堂教学中在以教材为基础的前提下发散，要不限于教材，让学生从多种渠道、以多种形式学习英语。教师不仅要合理利用课堂教学资源，还要积极探索和

开发课程资源，如视听资料和阅读资料等，注重拓宽学生的文化视野，提升学生的文化意识。教师在英语单词、文章、诗歌等教学中，不应只是对读音、词汇、语法、翻译等进行讲解，而是将其放在文化的大背景下，从欣赏英语语言的角度出发，使学生了解英语国家风俗礼仪、历史文化，培养学生的兴趣，进而增加学生语言输入量，发展学生跨国际文化交流技能。教师的课堂教学方法还要丰富多元、灵活多变。教师在英语教学中应真正改变以教师讲授为主的课堂教学方法，采用情景教学法和任务型教学法，让学生参与到学习活动中来，在活动中不断转换角色，用英语的思维方式表达自己的思想。课堂教学的地点也不仅限于教室，校内、校外都可以成为教学的场所，教学地点的选择应该随着教学内容的变化而变化，增加学生英语学习的趣味性，将英语更好地付诸实践。

### （五）构建英语素质教育的课程体系

应结合当前及未来中国社会发展的趋势，对英语教学内容进行分层次、分专业、分领域的改革，增强实用性。一是要在当前英语素质教育阶梯形构建的框架基础上，对于每一阶段的教材，根据学生的年龄特点和认知水平进行教材内容的改编，使其知识内容体系健全完善，知识衔接更自然适当。二是加大对职专院校不同专业领域的英语教材的整合力度，将专业性与通俗性、知识性与实用性相结合，既突出专业特色，又符合学生实际。三是做到校内与校外、国内与国外英语素质教育资源的相互协调和共享。在英语出版物中，应有适合不同年龄阶段的国内外读物，与英语素质教育各阶段相适合，尽可能丰富英语素质教育内容，做到二者相互补充，相得益彰。

# 第二章　数字时代的英语教育新视野

## 第一节　数字技术的教育变革力量

### 一、技术驱动的教学模式创新

#### （一）教学方式的根本性转变

数字技术的飞速发展正以前所未有的力量重塑着教育领域，其首要影响体现在教学方式的根本性转变上。传统的教学模式往往以教师为中心，采用讲授式的教学方法，学生则处于被动接受知识的状态。然而，随着数字技术的融入，这一格局发生了深刻变化。数字技术为教学提供了丰富多样的工具和平台，使得教学过程更加互动、灵活和个性化。

一方面，数字化教学资源的广泛应用，如电子教材、在线课程、虚拟实验室等，极大地丰富了教学内容和形式，使学生能够在任何时间、任何地点进行学习，打破了传统课堂的时空限制。这些资源不仅涵盖了广泛的知识领域，还能通过多媒体手段生动展现抽象概念，提高学生的学习兴趣和参与度。

另一方面，数字技术促进了教学方式的多样化。教师可以通过网络直播、视频会议、在线讨论等方式与学生进行实时互动，实现远程教学；同时，利用数据分析工具，教师可以更准确地了解学生的学习情况，为他们提供个性化的学习指导和反馈。这种以学生为中心的教学模式，更加注重学生的主体性和主动性，有助于培养他们的自主学习能力和创新思维。

### （二）学习环境的智能化与个性化

数字技术的另一个重要变革力量在于学习环境的智能化与个性化。随着人工智能、大数据等技术的不断发展，学习环境正变得越来越智能和个性化。智能学习系统能够根据学生的学习习惯、能力水平和学习进度，为他们推荐合适的学习资源和路径，提供个性化的学习建议和支持。

智能学习环境不仅能够为学生提供定制化的学习体验，还能通过数据分析预测学生的学习需求和潜在问题，提前进行干预和指导。例如，智能辅导系统可以根据学生的作业和测试情况，自动分析他们的薄弱点，并生成针对性的练习题和解析视频，帮助他们巩固知识、提高能力。

此外，智能学习环境还注重培养学生的自主学习能力和创新思维。通过提供丰富的学习资源和工具，如在线协作平台、创意设计软件等，学生可以自由探索、尝试和创新，培养自己的批判性思维和解决问题的能力。这种以学生为中心的学习环境，有助于激发学生的学习动力和创造力，促进他们的全面发展。

### （三）教育资源的均衡化与共享化

数字技术还为实现教育资源的均衡化与共享化提供了有力支持。在传统教育体系中，优质教育资源往往集中在少数地区和学校，导致教育资源分配不均的问题。然而，随着数字技术的普及和应用，这一状况正在逐步改变。

一方面，数字技术使得优质教育资源能够跨越地域限制进行传播和共享。通过在线教育平台、远程教学系统等工具，学生可以轻松获取到来自全国乃至全球的优质教育资源，如名师课程、学术讲座、实验演示等。这种资源的共享不仅有助于提高学生的知识水平和能力素质，还能促进不同地区之间的教育交流与合作。

另一方面，数字技术还为教育资源的均衡化提供了可能。通过数字化手段，可以将优质教育资源进行数字化处理并存储在网络平台上，供更多学生使用。同时，政府和社会各界也可以利用数字技术开展教育扶贫项目，为贫困地区和弱势群体提供必要的教育支持和帮助。这种资源的均衡化分配有助于缩小教育差距、促进教育公平。

### （四）教育评价体系的科学化与多元化

数字技术的引入还推动了教育评价体系的科学化与多元化发展。传统教育评价体系往往以考试成绩为主要依据，忽视了学生的综合素质和个性发展。然而，在数字技术的支持下，教育评价体系正逐步向科学化、多元化方向转变。

一方面，数字技术为教育评价提供了更加全面、客观的数据支持。通过数据分析工具，可以对学生的学习过程、学习成果、学习态度等多个方面进行全面评估，形成更加全面、准确的评价报告。这种基于数据的评价方式有助于更加客观地反映学生的学习情况和发展潜力，为教育决策提供有力支持。

另一方面，数字技术还促进了教育评价方式的多元化。除了传统的考试评价方式外，还可以采用在线测试、项目评价、同伴评价等多种评价方式，从不同角度、不同维度对学生的综合素质进行评价。这种多元化的评价方式有助于更加全面地了解学生的特点和优势，为他们提供更加个性化的教育服务和发展指导。同时，也有助于激发学生的学习积极性和创造力，促进他们的全面发展。

## 二、学习环境的智能化与个性化

在数字技术的浪潮下，学习环境的智能化与个性化已成为教育领域不可逆转的趋势，它们共同塑造了一个更加高效、灵活且富有吸引力的学习空间。以下从四个维度深入探讨这一变革力量。

## （一）智能技术驱动的学习环境创新

智能技术的飞速发展，如人工智能、机器学习、大数据分析等，为学习环境的智能化提供了强大支撑。这些技术能够深入分析学生的学习行为、习惯、兴趣及能力水平，从而自动调整学习资源、路径和策略，以适应每位学生的个性化需求。例如，智能推荐系统能够根据学生的学习历史和偏好，精准推送相关的学习资料和练习题，帮助学生高效巩固知识；智能辅导机器人则能实时解答学生的疑问，提供个性化的学习指导，减轻教师负担。这种智能化的学习环境不仅提高了学习效率，还增强了学习的趣味性和互动性。

## （二）个性化学习路径的定制与优化

在智能化学习环境中，每位学生都能获得量身定制的学习路径。系统会根据学生的能力水平、学习进度和兴趣偏好，动态调整课程难度、学习节奏和教学内容，确保每位学生都能在适合自己的节奏下进行学习。这种个性化的学习路径不仅有助于激发学生的学习动力，还能有效提升学习效果。同时，系统还会持续跟踪学生的学习表现，通过数据分析发现潜在的学习障碍和难点，及时提供针对性的辅导和支持，帮助学生攻克难关，顺利达成学习目标。

## （三）学习资源的丰富性与动态适应性

智能化学习环境下的学习资源呈现出前所未有的丰富性和动态适应性。除了传统的教材、教辅资料外，学生还可以轻松访问到海量的在线课程、视频讲座、虚拟实验室等数字化资源。这些资源不仅内容丰富、形式多样，还能根据学生的学习需求进行动态更新和调整。例如，当学生遇到难以理解的概念时，系统可以自动推荐相关的讲解视频或互动演示；当学生完成某个阶段的学习后，系统还能自动推送更高层次的学习任务和挑战。这种动态适应性的学习资源极大地满足了学生的个性化需求，促进了他们的全面发展。

### （四）学习反馈的即时性与精准性

在智能化学习环境中，学习反馈的即时性与精准性得到了显著提升。系统能够实时监测学生的学习行为和表现，通过数据分析技术快速生成反馈报告，帮助学生及时了解自己的学习状况和问题所在。这种即时反馈机制有助于学生及时调整学习策略和方法，提高学习效率和质量。同时，系统还能提供精准的个性化反馈建议，帮助学生明确改进方向和目标。例如，针对学生在阅读理解方面的薄弱环节，系统可以推荐相应的阅读材料和练习题目，并提供详细的解题思路和技巧指导。这种精准的个性化反馈不仅有助于提升学生的自主学习能力，还能促进他们形成良好的学习习惯和思维方式。

## 三、师生互动模式的根本转变

在数字技术的深刻影响下，教育领域中的师生互动模式正经历着前所未有的根本性转变。这一变革不仅重塑了传统的教学关系，还极大地丰富了教学互动的形式与内容，促进了师生之间的深度交流与理解。以下从四个维度对这一转变进行详细分析。

### （一）从单向传授到双向互动

在传统的教学模式中，教师往往扮演着知识传授者的角色，而学生则是被动接受知识的对象。这种单向传授的方式限制了师生之间的交流与互动，难以激发学生的学习积极性与创造力。然而，在数字技术的支持下，师生互动模式逐渐转变为双向互动。教师可以通过网络平台、在线工具等媒介与学生进行实时交流，解答疑问，提供指导；而学生也能更加主动地表达自己的观点和想法，与教师进行深入的讨论与探索。这种双向互动的模式不仅提高了教学效果，还增强了师生之间的情感联系与信任。

### （二）从单一渠道到多元平台

数字技术的发展为师生互动提供了多样化的渠道和平台。除了传统的课堂面对面交流外，师生还可以通过电子邮件、即时通信软件、在线论坛、社交媒体等多种方式进行互动。这些多元平台不仅打破了时间与空间的限制，使得师生互动更加便捷与高效；还丰富了互动的形式与内容，使得师生能够围绕不同的话题、从不同的角度进行深入交流与探讨。这种多元平台的互动模式不仅拓宽了师生的视野与思路，还促进了知识的共享与传播。

### （三）从固定角色到灵活身份

在数字技术的推动下，师生在互动过程中的角色定位也变得更加灵活与多样。教师不再仅仅是知识的传授者，更是学习的引导者、促进者和合作者；而学生也不再仅仅是知识的接受者，更是学习的主体、探索者和创新者。在互动过程中，师生可以根据需要灵活转换角色身份，共同参与学习活动的设计与实施。这种灵活身份的转变不仅有利于激发学生的学习兴趣与创造力，还有助于培养他们的自主学习能力与团队协作精神。

### （四）从结果评价到过程关注

传统的教学评价往往侧重于学生的学习结果，而忽视了学习过程中的师生互动与情感交流。然而，在数字技术的支持下，师生互动模式的转变使得教学评价更加注重对学习过程的关注与评价。教师可以通过网络平台实时跟踪学生的学习进度与表现，了解他们在学习过程中的困惑与需求；而学生也能通过自我评价与同伴评价等方式反思自己的学习过程与成果。这种对学习过程的关注不仅有助于教师及时调整教学策略与方法，提高教学效果；还有助于学生更加全面地认识自己的学习情况与不足，从而制订更加合理的学习计划。同时，这种关注过程的教学评价模式还有助于促进师生之间的深度交流与理解，增强彼此之间的信任与尊重。

## 四、教育技术对未来教育形态的塑造

随着教育技术的不断进步与创新，其对未来教育形态的塑造作用日益凸显。教育技术不仅深刻改变了教学的方式方法，还推动了教育理念、教育内容和教育模式的全面革新。以下从四个维度探讨教育技术如何塑造未来教育的形态。

### （一）教育理念的现代化与国际化

教育技术作为推动教育现代化的重要力量，促进了教育理念的更新与国际化。它强调以学生为中心，注重培养学生的自主学习能力、批判性思维和创新能力，鼓励学生积极探索、勇于实践。同时，教育技术还打破了地域和文化的界限，使得全球优质教育资源得以共享，促进了教育的国际交流与合作。这种现代化与国际化的教育理念，为未来教育提供了更加开放、包容和创新的发展方向。

### （二）教育内容的丰富化与个性化

教育技术为教育内容的丰富化与个性化提供了有力支持。通过数字化手段，教育内容可以跨越时空限制，实现全球范围内的共享与整合。这不仅丰富了学生的学习资源，还为他们提供了更多样化的学习选择。同时，教育技术还能根据学生的兴趣、能力和需求，为他们量身定制个性化的学习内容和路径，实现因材施教。这种个性化的学习方式不仅提高了学习效率，还激发了学生的学习兴趣和动力，促进了他们的全面发展。

### （三）教育模式的多元化与灵活化

教育技术推动了教育模式的多元化与灵活化。传统的教学模式往往以课堂教学为主，时间和地点相对固定。而教育技术则打破了这种限制，使得教育模式更加多样化和灵活化。例如，在线教育、混合式教学、翻转课堂等新型教学模式应运而生，为学生提供了更加灵活多样的学习方式和途径。这些新型教学模式不仅注重知识的传授，更强调学生的参与、互动和实践，有助于培养学生的综合素质和创新能力。

### （四）教育评价的全面化与智能化

教育技术还推动了教育评价的全面化与智能化。传统的教学评价往往侧重于对学生知识掌握程度的考察，而忽视了对学生能力、素质和创新精神等方面的评价。而教育技术则能够通过大数据分析、人工智能等技术手段，对学生的学习过程、学习成果和综合素质进行全面而深入的评价。这种全面化的评价方式不仅有助于更准确地反映学生的学习情况和发展潜力，还有助于教师及时调整教学策略和方法，提高教学效果。同时，智能化的评价系统还能为学生提供个性化的反馈和建议，帮助他们更好地认识自己、发展自己。这种智能化的评价模式不仅提高了评价的效率和准确性，还促进了学生的自我反思和成长。

## 第二节　全球化背景下的英语教育需求

### 一、国际交流对英语能力的新要求

在全球化的今天，国际交流日益频繁，英语作为国际通用语言，其重要性不言而喻。随着国际交流的深化和广化，对英语能力的要求也在不断提升，呈现出新的特点和趋势。以下从四个方面详细分析国际交流对英语能力的新要求。

#### （一）语言技能的全面性与深度

国际交流要求英语能力不仅限于基本的听说读写，更强调这些技能的全面性和深度。在全球化背景下，人们需要在多种场合下使用英语进行交流，包括商务谈判、学术会议、文化交流等。这就要求英语学习者不仅要能够准确表达自己的想法，还要能够听懂、读懂并理解不同领域、不同文化背景下的英语材料。因此，英语能力的全面提升，包括词汇量的扩展、语法结构的掌握、听力理解能力的提升以及阅读速度和深度的增加，都是国际交流中的基本要求。

### （二）跨文化交际能力

国际交流不仅仅是语言上的沟通，更是文化上的交融。在跨文化交流中，英语学习者需要具备跨文化交际能力，即能够理解和尊重不同文化的差异，适应不同的交际方式和习惯，有效避免文化冲突和误解。这要求英语学习者不仅要熟悉英语国家的文化习俗、社会制度、价值观念等，还要具备开放的心态和敏锐的洞察力，能够在不同文化背景下灵活运用语言进行有效沟通。

### （三）数字化与信息化技能

随着科技的飞速发展，数字化和信息化技能在国际交流中的重要性日益凸显。英语学习者需要掌握在数字化环境中进行英语学习和交流的能力，包括利用互联网资源进行自主学习、参与在线讨论、进行远程协作等。同时，随着人工智能、大数据等技术的广泛应用，英语学习者还需要具备处理和分析英语信息的能力，以便更好地适应未来国际交流的需求。

### （四）专业性与行业性英语能力

在特定领域或行业进行国际交流时，专业性与行业性英语能力显得尤为重要。例如，在国际贸易中，需要掌握商务英语知识和谈判技巧;在医学领域，需要了解医学英语术语和病历书写规范；在法律领域，则需要熟悉法律英语的表达方式和法律文书的撰写要求。因此，英语学习者需要根据自己的专业或行业特点，有针对性地提升相关领域的英语能力，以便在国际交流中更加准确地表达自己的观点和需求。

国际交流对英语能力提出了全面而深刻的要求。为了适应这些要求，英语学习者需要不断提升自己的语言技能、跨文化交际能力、数字化与信息化技能以及专业性与行业性英语能力。只有这样，才能在全球化背景下更好地参与国际交流，实现个人价值和社会价值的双重提升。

## 二、跨文化沟通能力的重要性

在全球化的浪潮中，跨文化沟通能力已成为个人与组织在国际舞台上取得成功的关键要素。它不仅是跨越语言障碍的桥梁，更是促进文化理解、增进国际合作与友谊的基石。以下从四个维度深入剖析跨文化沟通能力的重要性。

### （一）促进文化理解与尊重

跨文化沟通的首要任务是促进不同文化之间的理解和尊重。每种文化都有其独特的价值观、信仰体系、社会规范和行为习惯，这些差异往往成为国际交流中的潜在障碍。通过有效的跨文化沟通，人们能够深入了解并欣赏他文化的独特之处，认识到文化多样性的价值，从而培养出一种包容、尊重和平等对待不同文化的态度。这种态度是建立和谐国际关系、促进世界和平与发展的重要基础。

### （二）增强商务合作效率

在全球化经济中，跨国商务合作日益频繁。有效的跨文化沟通能够消除因文化差异而导致的误解和冲突，确保商务活动的顺利进行。通过深入了解合作伙伴的文化背景、商业习惯和谈判风格，企业能够制定出更加符合对方需求的合作策略，提高合作效率和质量。同时，跨文化沟通能力还有助于企业在国际市场上树立良好的品牌形象，增强客户信任度和忠诚度，从而赢得更广阔的市场空间。

### （三）促进个人职业发展

在全球化职场中，具备跨文化沟通能力的人才更受青睐。他们能够更好地适应多元文化的工作环境，与来自不同国家和地区的同事和客户建立良好的工作关系。这种能力不仅有助于个人在工作中获得更多机会和资源，还能够提升个人的职业竞争力和领导力。通过跨文化沟通，个人能够拓宽视野、增长见识、提升综合素质，为未来的职业发展奠定坚实的基础。

### （四）推动社会进步与创新

跨文化沟通不仅是个人层面的需求，更是社会进步与创新的重要驱动力。通过不同文化之间的交流与碰撞，可以激发出新的思想火花和创意灵感，推动科学技术、文化艺术等领域的创新发展。

跨文化沟通能力在全球化时代具有不可估量的重要性。它不仅关乎个人成长与职业发展，更关乎国际关系的和谐与稳定、全球问题的解决与社会的持续进步。因此，我们应该高度重视跨文化沟通能力的培养与提升，为构建人类命运共同体贡献自己的力量。

## 三、全球视野下的教学内容拓展

在全球化的背景下，教育内容的拓展已成为培养学生全球视野、提升国际竞争力的重要途径。通过引入多元文化的视角、强化跨学科的知识整合、利用现代科技手段以及加强国际交流与合作，教学内容得以不断丰富和完善，为学生的全面发展提供了更加广阔的舞台。

### （一）多元文化视角的引入

在全球视野下，教育内容的拓展首先体现在多元文化视角的引入上。在全球化时代，各国之间的交流与融合日益加深，单一的文化视角已难以满足培养具有国际竞争力人才的需求。因此，教育应积极引入多元文化的视角，让学生在学习过程中接触和了解不同国家和地区的文化、历史、社会制度等方面的知识。这不仅有助于学生拓宽视野、增长见识，还能培养他们的跨文化交流能力和全球意识，使他们更好地适应多元化的社会环境。

### （二）跨学科知识的整合

在全球视野下，教育内容的拓展还体现在跨学科知识的整合上。传统的教学体系往往将各学科划分为独立的领域，忽视了它们之间的联系与互动。然而，全球性问题往往需要综合运用多学科的知识来加以解决。因此，教育应打破学科壁垒，加强跨学科知识的整合与融合。通过开设综合性课程、组织跨学科研究项目等方式，让学生在学习过程中掌握跨学科的知识与方法，培养他们的综合思维能力和解决问题的能力。这种跨学科的知识整合不仅有助于学生更好地理解全球性问题，还能激发他们的创新思维和创造力。

### （三）现代科技手段的运用

在全球视野下，现代科技手段的运用为教学内容的拓展提供了有力支持。随着信息技术的飞速发展，互联网、大数据、人工智能等现代科技手段已广泛应用于教育领域。这些科技手段不仅丰富了教学手段和教学资源，还为学生提供了更加便捷、高效的学习方式。通过在线课程、虚拟实验室、远程合作项目等方式，学生可以跨越地域限制，与全球范围内的师生进行交流和合作。这种基于现代科技手段的学习方式不仅有助于学生拓宽视野、增长见识，还能培养他们的信息素养和创新能力。

### （四）国际交流与合作的加强

在全球视野下，教育内容的拓展还离不开国际交流与合作的加强。通过加强与国际教育机构的合作与交流，学校可以引入更多国际化的教学资源和课程项目，为学生提供更多元化的学习选择。同时，国际交流与合作还有助于学生了解不同国家和地区的教育体系、教育理念和教学方法等方面的知识。这种跨文化的交流与互鉴不仅能够拓宽学生的国际视野，还能促进他们跨文化交流能力和全球意识的培养。此外，国际交流与合作还有助于推动教育创新和教育质量的提升，为培养具有国际竞争力的人才提供更加坚实的基础。

## 四、适应多元文化的学习环境构建

在全球化的时代背景下，构建一个适应多元文化的学习环境对于培养学生的全球视野、跨文化交流能力和社会适应能力至关重要。这样的环境不仅能够促进学生对不同文化的理解和尊重，还能激发他们的创新思维和多元发展。以下从四个方面详细探讨如何构建适应多元文化的学习环境。

### （一）营造包容性文化氛围

构建适应多元文化的学习环境，首先要营造一个包容性的文化氛围。这要求学校和教育者树立多元文化的教育理念，尊重并珍视每一种文化的独特性和价值。在学校的日常管理和教学中，应鼓励师生以开放的心态接纳不同文化背景的学生和观点，避免任何形式的歧视和偏见。通过组织多元文化主题活动、节日庆典、文化交流展览等形式，让学生亲身体验和感受不同文化的魅力，增进对多元文化的理解和认同。这种包容性的文化氛围能够为学生提供一个安全、自由的学习空间，让他们敢于表达自己的想法和感受，促进他们的全面发展。

### （二）强化跨文化交流能力培养

在适应多元文化的学习环境中，跨文化交流能力的培养是核心任务之一。这要求学校和教育者注重培养学生的语言沟通能力、文化敏感性和适应能力。通过开设跨文化交流课程、组织国际学生交流活动、实施双语或多语教学等方式，帮助学生掌握有效的沟通技巧和策略，提高他们的语言能力和跨文化交际能力。同时，还应注重培养学生的文化敏感性，让他们学会从他人的文化视角出发思考问题，理解和尊重不同文化的差异。此外，通过模拟国际商务谈判、文化交流项目等实践活动，让学生在真实或模拟的跨文化环境中锻炼自己的适应能力和解决问题的能力。

### （三）促进教育资源的多元化与共享

构建适应多元文化的学习环境还需要促进教育资源的多元化与共享。这包括课程资源的多元化、教学方式的多样化和教育技术的创新应用等方面。学校应积极引进和整合国内外优质的教育资源，开设具有国际化视野的课程和项目，为学生提供丰富多样的学习选择。同时，采用灵活多样的教学方式，如翻转课堂、项目式学习、合作学习等，激发学生的学习兴趣和主动性。此外，充分利用现代信息技术手段，如在线课程、虚拟实验室、远程教育等，打破地域和时间的限制，实现教育资源的全球共享和优化配置。这种多元化的教育资源和学习方式能够为学生提供更加广阔的学习空间和机会，促进他们的全面发展和创新思维。

### （四）建立国际化师资队伍

构建适应多元文化的学习环境还需要建立一支具有国际视野和跨文化交流能力的师资队伍。这要求学校注重教师的国际化和专业化发展，通过派遣教师参加国际学术交流、海外研修、跨国合作项目等方式，提升教师的国际视野和跨文化交流能力。同时，积极引进具有海外留学或工作经历的优秀人才加入教师队伍，为学校注入新的活力和思想。在师资培训方面，应加强对教师跨文化教学能力和国际教育理念的培养，让他们能够更好地适应多元文化的教学环境和学生需求。通过建设一支高素质、国际化的师资队伍，学校能够为学生提供更加优质、全面的教育服务，推动学校向国际化、现代化的方向发展。

# 第三节　从传统教学到数字化教学的转型路径

## 一、教学理念的更新与转变

在快速变化的教育领域中，教学理念的更新与转变是推动教育改革与发展的重要动力。这一过程不仅关乎教师个人教学观念的革新，更涉及整个教育体系的深刻变革。以下从四个方面深入探讨教学理念的更新与转变。

### （一）从知识传授到能力培养

现代教学理念强调从知识传授向能力培养的转变，即注重培养学生的批判性思维、创新能力、自主学习能力等核心素养。这意味着教师在教学过程中不仅要传授知识，更要引导学生学会如何学习、如何思考、如何解决问题。通过设计富有挑战性的学习任务、鼓励学生参与探究式学习、开展项目式学习等方式，激发学生的学习兴趣和动力，促进他们全面发展。

### （二）从以教师为中心到以学生为中心

传统的教学模式往往以教师为中心，教师掌握着教学的主动权，学生则处于被动接受的地位。然而，这种模式忽视了学生的学习需求和个性差异，难以激发学生的学习积极性和创造力。现代教学理念倡导以学生为中心的教学模式，即尊重学生的主体地位，关注学生的个体差异和学习需求，鼓励学生积极参与教学过程，成为学习的主人。这要求教师在教学设计、教学方法选择、教学评价等方面都要充分考虑学生的实际情况和需要，创设有利于学生主动学习和探索的教学环境，激发学生的学习兴趣和潜能。

### （三）从单一评价到多元评价

现代教学理念倡导多元化评价体系，即采用多种评价方式和手段，对学生的知识掌握、能力发展、情感态度等方面进行综合评价。这包括自我评价、同伴评价、教师评价等多种评价方式，以及定量评价和定性评价相结合的评价方法。通过多元化评价体系的建立，可以更加全面、客观地了解学生的学习情况和发展需求，为教师的教学改进和学生的个性发展提供有力支持。

### （四）从封闭式教学到开放式教学

传统的教学往往局限于课堂之内，教学内容和方式相对封闭和单一。然而，随着信息技术的飞速发展和全球化的深入推进，教育领域正面临着前所未有的变革和挑战。现代教学理念倡导开放式教学，即打破传统教学的时空限制，将教学延伸到课堂之外，充分利用各种教育资源和手段，为学生提供更加广阔的学习空间和机会。这包括利用互联网和多媒体技术开展在线学习、组织跨学科的学习活动、鼓励学生参与社会实践和志愿服务等。通过开放式教学的实施，可以拓宽学生的视野和知识面，培养他们的实践能力和社会责任感，为他们未来的学习和生活奠定坚实的基础。

## 二、技术工具的引入与整合

在当今数字化时代，技术工具的引入与整合已成为教育改革不可或缺的一部分。它们不仅革新了教学手段，提高了教学效率，还为学生提供了更加丰富、个性化的学习体验。以下从四个方面深入探讨技术工具在教学中的引入与整合。

### （一）教学资源的数字化与共享

随着信息技术的快速发展，教学资源的数字化已成为大势所趋。传统的纸质教材、教辅资料正逐步被电子书籍、在线课程、多媒体资源库等数字化资源所取代。这些数字化资源不仅具有信息量大、更新迅速、易于获取等优势，还能够通过互联网实现全球共享。教师在教学过程中，可以充分利用这些数字化资源，丰富教学内容，拓宽学生视野。同时，学生也可以根据自己的学习需求和兴趣，自主选择学习材料，进行个性化学习。技术工具的引入，使得教学资源的获取和利用变得更加高效便捷，促进了教育资源的均衡分配和优质共享。

### （二）教学方式的智能化与互动化

技术工具的引入，推动了教学方式的智能化与互动化变革。智能教学系统、在线学习平台、虚拟现实技术等现代科技手段，为教学提供了全新的可能性。这些工具能够根据学生的学习情况和需求，智能推荐学习路径和资源，提供个性化的学习支持。同时，它们还能够实现师生之间的实时互动，让教学不再受时间和空间的限制。例如，通过在线课堂、视频会议等工具，教师可以与学生进行远程授课和答疑；通过互动问答、在线测试等功能，教师可以及时了解学生的学习进度和反馈，调整教学策略。这种智能化、互动化的教学方式，不仅提高了教学效率，还增强了学生的学习兴趣和参与度。

### （三）学习评估的精准化与个性化

技术工具的引入，使得学习评估变得更加精准化和个性化。传统的评估方式往往依赖于单一的考试成绩，难以全面反映学生的学习情况和发展潜力。而现代技术工具则能够通过大数据分析、人工智能算法等手段，对学生的学习数据进行深度挖掘和分析，从而得出更加精准、全面的评估结果。这些评估结果不仅能够为教师的教学改进提供有力支持，还能够为学生的个性化发展提供指导。例如，通过智能学习系统收集学生的学习数据，分析他们的学习习惯、兴趣偏好和薄弱环节等信息，然后为他们量身定制学习计划和学习资源。这种精准化、个性化的学习评估方式，有助于激发学生的学习潜能，促进他们的全面发展。

### （四）教师专业发展的技术赋能

技术工具的引入与整合，不仅改变了学生的学习方式，也为教师的专业发展提供了新的机遇和挑战。现代技术工具为教师提供了丰富的教学资源和工具支持，帮助他们更好地开展教学活动和学术研究。例如，教师可以通过在线学习平台参加专业培训课程、参与学术研讨和交流活动；可以利用教育技术软件制作多媒体课件、设计互动式教学方案等。同时，技术工具还为教师提供了反思和改进教学的有力工具。教师可以通过分析学生的学习数据和反馈意见，了解自己的教学效果和不足之处，并据此调整教学策略和方法。这种基于技术赋能的教师专业发展方式，有助于提升教师的教学能力和专业素养，推动教育事业的持续发展。

## 三、教师培训与支持体系建设

在教育变革的浪潮中，教师是推动这一进程的关键力量。因此，构建完善的教师培训与支持体系，对于提升教师素质、促进教育创新具有重要意义。以下从四个方面深入探讨教师培训与支持体系的建设。

### （一）持续性的专业发展路径规划

教师培训与支持体系的首要任务是规划一条清晰、持续性的专业发展路径。这要求教育机构和管理部门根据教育改革的趋势和教师的实际需求，制订科学合理的培训计划。该路径应涵盖教师职业生涯的各个阶段，从新手教师到资深专家，每个阶段都应有明确的发展目标和相应的培训资源。通过定期的培训、研讨会、工作坊等形式，帮助教师不断更新教育理念、掌握新的教学方法和技术工具，促进他们的专业成长。同时，鼓励教师参与课题研究、学术交流等活动，拓宽他们的学术视野，提升他们的科研能力。

### （二）多元化的培训内容与方式

为了满足不同教师的个性化需求，教师培训与支持体系应提供多元化的培训内容与方式。培训内容应涵盖教育理论、教学技能、教育技术、心理健康等多个方面，以满足教师在不同发展阶段的需求。培训方式也应灵活多样，包括线上学习、线下集中培训、师徒结对、同伴互助等多种形式。线上学习可以打破时间和空间的限制，为教师提供便捷的学习机会；线下集中培训则能够增进教师之间的交流与合作，共同解决教学中的实际问题；师徒结对和同伴互助则有助于教师之间的经验分享和相互支持。通过多元化的培训内容与方式，可以更好地满足教师的个性化需求，促进他们的全面发展。

### （三）全方位的支持与激励机制

为了激发教师的积极性和创造力，教师培训与支持体系应建立全方位的支持与激励机制。这包括为教师提供必要的教学资源、技术工具和学习平台等硬件支持；为教师提供心理咨询、职业规划等软性支持；以及通过设立奖项、职称评定、岗位晋升等方式激励教师在教学和科研方面取得优异成绩。同时，还应建立健全的教师评价机制，确保评价过程公正、透明，能够真实反映教师的教学水平和贡献。这种全方位的支持与激励机制，有助于激发教师的内在动力，促进他们的持续发展和创新。

### （四）构建学习型组织文化

教师培训与支持体系的建设还需要构建一种学习型组织文化。这种文化强调终身学习和团队合作的重要性，鼓励教师之间相互学习、共同进步。学校或教育机构应定期组织学习交流会、读书分享会等活动，为教师提供展示自我、交流思想的平台。同时，还应建立一种开放、包容的学术氛围，鼓励教师勇于探索、敢于创新。在这种文化的熏陶下，教师将更加珍视自己的专业发展机会，积极参与各种培训和学习活动，不断提升自己的专业素养和教育教学能力。通过构建学习型组织文化，可以形成一个积极向上的教师群体，共同推动教育事业的繁荣发展。

## 四、教学评价与反馈机制的数字化改造

随着信息技术的飞速发展，教学评价与反馈机制的数字化改造已成为教育现代化的重要一环。这一过程不仅提升了评价的效率和准确性，还促进了师生之间的有效沟通与持续改进。以下从四个方面深入探讨教学评价与反馈机制的数字化改造。

### （一）构建全面的数字化评价平台

数字化改造的第一步是构建一个全面的数字化评价平台，该平台能够整合各类教学评价数据和资源，为师生提供便捷、高效的评价服务。该平台应支持多种评价方式，包括形成性评价、总结性评价、同伴评价、自我评价等，以满足不同教学场景和需求。同时，平台应具备强大的数据分析和处理能力，能够实时收集、整理和分析评价数据，为教师提供直观的评价报告和反馈建议。此外，平台还应注重用户体验，提供友好的界面设计和便捷的操作流程，确保师生能够轻松上手并有效利用。

### （二）实现评价过程的自动化与智能化

数字化改造的核心在于实现评价过程的自动化与智能化。通过引入人工智能、大数据等先进技术，可以自动完成部分评价任务，如作业批改、在线测试评分等，大大减轻教师的工作负担。同时，智能化技术还能对学生的学习数据进行深度挖掘和分析，发现潜在的学习问题和需求，为教师提供更加精准的教学建议。此外，智能化评价系统还能实时跟踪学生的学习进度和表现，为他们提供个性化的学习路径和资源推荐，促进他们的自主学习和持续发展。

### （三）增强评价结果的透明度和及时性

数字化改造使得教学评价结果更加透明和及时。传统评价方式中，教师可能需要花费大量时间进行成绩统计和反馈撰写，导致评价结果滞后且难以全面展示。而数字化评价平台可以实时生成评价报告和反馈建议，并通过电子邮件、短信、APP 推送等多种方式及时传达给学生和教师。这种即时反馈机制有助于师生及时了解学习情况和教学效果，及时调整教学策略和学习方法。同时，透明化的评价结果还能增强学生的自我认知和自我管理能力，激发他们的学习动力和积极性。

### （四）促进师生之间的有效沟通与持续改进

数字化改造的最终目的是促进师生之间的有效沟通与持续改进。通过数字化评价平台，教师可以更加便捷地与学生进行沟通和交流，了解他们的学习困惑和需求，为他们提供更加个性化的指导和帮助。同时，学生也可以通过平台向教师反馈自己的学习体验和感受，提出改进意见和建议。这种双向沟通机制有助于建立和谐的师生关系，增强教学过程的互动性和有效性。此外，数字化评价平台还能为教学管理者提供全面的教学质量监控和评估数据，帮助他们及时发现教学问题并采取相应的改进措施，推动教学质量的持续提升。

# 第四节　未来教育趋势对英语教育的启示

## 一、个性化学习趋势的深化

在当今这个信息爆炸、需求多元化的时代，个性化学习已成为教育领域不可逆转的趋势。它强调以学生为中心，尊重并满足每个学生的独特需求、兴趣和能力，旨在通过定制化的学习路径和资源，促进每个学生的全面发展。以下从四个方面深入分析个性化学习趋势的深化。

### （一）技术赋能的个性化学习体验

随着科技的飞速发展，技术已成为推动个性化学习深化的重要力量。智能学习系统、大数据分析、人工智能算法等技术的应用，使得学习平台能够精准地分析学生的学习数据，包括学习风格、进度、偏好等，从而为他们推荐个性化的学习资源、学习路径和难度适宜的练习题。这种技术赋能的个性化学习体验，不仅提高了学习效率，还增强了学生的学习动力和兴趣，让他们在享受学习过程的同时，实现自我提升。

### （二）学习内容的多样化和定制化

个性化学习趋势的深化还体现在学习内容的多样化和定制化上。个性化学习鼓励学生根据自己的兴趣、目标和能力选择学习内容，学习材料也从传统的教科书扩展到电子书、在线课程、视频教程、互动软件等多种形式。同时，教师或学习平台还会根据学生的学习进展和反馈，动态调整教学内容的难度和深度，确保学习过程的连续性和有效性。这种多样化和定制化的学习内容，为学生提供了更加灵活和丰富的学习选择，促进了他们的个性化发展。

### （三）学习方式的自主性和互动性

个性化学习趋势的深化还促进了学习方式的自主性和互动性。在个性化学习环境中，学生不再是被动接受知识的对象，而是主动探索、建构知识的主体。他们可以根据自己的学习节奏和方式，自由安排学习时间、地点和方式，实现自主学习和自我管理。同时，个性化学习还强调师生、生生之间的互动与合作，通过在线讨论、协作学习、项目实践等方式，促进学生之间的交流与合作，培养他们的团队精神和沟通能力。这种自主性和互动性的学习方式，不仅提高了学生的学习成效，还培养了他们的创新思维和实践能力。

### （四）评价体系的多元化与个性化

个性化学习趋势的深化还体现在评价体系的多元化与个性化上。个性化学习则倡导建立多元化的评价体系，包括自我评价、同伴评价、教师评价等多种评价方式，以及知识掌握、能力发展、情感态度等多个评价维度。同时，评价体系还应关注学生的个性差异和成长轨迹，为每个学生制定个性化的评价标准和发展规划。这种多元化与个性化的评价体系，不仅更加全面、客观地反映了学生的学习情况和发展潜力，还为他们提供了更加精准、有效的反馈和指导，促进了他们的持续进步和个性化发展。

## 二、终身学习与持续发展的理念

在快速变化的21世纪，终身学习与持续发展的理念已成为全球共识，它们不仅是个人成长的基石，也是社会进步的重要驱动力。这一理念强调个体在整个生命过程中不断学习新知识、新技能，以适应不断变化的环境，实现个人价值的最大化和社会贡献的持续增长。以下从四个方面深入阐述终身学习与持续发展的理念。

### （一）适应性与灵活性的提升

终身学习与持续发展的首要价值在于提升个体的适应性和灵活性。在这个日新月异的时代，技术革新、产业升级、社会变迁的速度前所未有，对个体能力的要求也日益提高。唯有不断学习，才能跟上时代的步伐，不被时代所淘汰。终身学习的理念鼓励个体保持开放的心态，勇于接受新事物，敢于挑战自我，通过持续学习来提升自己的专业素养、创新能力以及跨领域的知识储备。这种适应性和灵活性使个体能够灵活应对各种变化和挑战，保持竞争力。

### （二）自我实现与潜能挖掘

终身学习与持续发展是实现个人自我价值和潜能挖掘的重要途径。每个人都拥有独特的天赋和潜能，但这些潜能往往需要通过不断的学习和实践才能被充分发掘和展现。终身学习的理念鼓励个体不断探索自己的兴趣所在，勇于尝试新事物，通过不断的学习和实践来拓展自己的视野和能力边界。在这个过程中，个体不仅能够获得知识和技能的提升，更能够逐渐明确自己的人生目标和价值追求，实现自我超越和潜能的最大化。

### （三）社会参与与贡献

终身学习与持续发展不仅关乎个人成长，更关乎社会整体的进步和发展。一个具备终身学习意识和能力的社会成员，能够更好地适应社会发展的需求，为社会的进步贡献自己的力量。他们可以通过参与社会公益活动、志愿服务等方式，回馈社会、服务他人；也可以通过技术创新、文化创造等方式，推动社会文明的进步和发展。同时，终身学习的理念还促进了社会成员之间的交流和合作，增强了社会的凝聚力和向心力，为社会的和谐稳定和发展繁荣提供了有力支撑。

### （四）教育体系与社会的协同发展

终身学习与持续发展的理念对教育体系提出了更高的要求和挑战。传统的教育体系往往注重知识的传授和技能的训练，而忽视了对学生终身学习能力和持续发展能力的培养。因此，教育体系需要进行深刻的改革和创新，以适应终身学习与持续发展的需求。这包括优化课程设置、改进教学方法、加强实践环节等方面，以培养学生的自主学习能力、创新思维能力和问题解决能力。同时，教育体系还需要与社会各界建立紧密的联系和合作，共同推动终身学习与持续发展理念的普及和实践，形成全社会共同关注和支持终身学习的良好氛围。

## 三、学习空间的重构与灵活性

随着教育理念的革新和技术的发展，学习空间不再局限于传统的教室或图书馆，而是经历了一场深刻的重构，变得更加多元化、灵活化和个性化。这种变化不仅改变了学习的物理环境，更深刻地影响了学习的方式、效果和体验。以下从四个方面探讨学习空间的重构与灵活性。

### （一）物理空间的拓展与融合

学习空间的物理拓展是重构的首要表现。现代学习空间实现了室内与室外的融合、线上与线下的融合。例如，通过引入智能教室、虚拟实验室、在线学习平台等，学生可以在任何时间、任何地点进行学习，不再受地理位置和时间的限制。同时，学校也开始注重校园环境的建设，打造绿色生态、文化丰富的学习空间，为学生提供更加舒适、愉悦的学习环境。这种物理空间的拓展与融合，极大地丰富了学习的形式和内容，提高了学习的灵活性和便捷性。

### （二）学习环境的个性化定制

随着技术的进步，学习空间开始具备更强的个性化定制能力。通过智能感知、大数据分析等技术手段，学习空间能够根据学生的学习习惯、兴趣偏好等特征，自动调整光线、温度、声音等环境因素，为学生提供最适合自己的学习环境。此外，学习空间还可以根据学生的学习进度和需求，动态调整学习资源和学习路径，实现个性化的学习支持。这种个性化的学习环境定制，不仅提高了学生的学习效率和满意度，还促进了学生的自主学习和个性化发展。

### （三）学习资源的多元化与共享

学习空间的重构还体现在学习资源的多元化与共享上。传统的学习资源往往局限于教材和参考书，而现代学习空间则通过引入电子书、在线课程、学习社区等多种资源形式，实现了学习资源的丰富化和多样化。同时，这些资源还可以通过互联网进行共享和传播，使得学生能够跨越地域和时间的限制，获取到全球范围内的优质学习资源。这种学习资源的多元化与共享，不仅拓宽了学生的知识视野和思维边界，还促进了知识的交流和创新。

### （四）学习方式的创新与变革

学习空间的重构与灵活性还推动了学习方式的创新与变革。现代学习空间则鼓励学生主动探索、实践和创新。通过引入项目式学习、协作学习、翻转课堂等新型学习方式，学生可以在实践中学习、在合作中成长、在创新中发展。这些新型学习方式不仅提高了学生的自主学习能力和创新能力，还培养了学生的团队协作精神和解决实际问题的能力。同时，学习空间的灵活性也为这些新型学习方式的实施提供了有力的支持，使得学生能够根据自己的兴趣和需求选择最适合自己的学习方式。

## 四、技术与人文融合的教育新生态

在21世纪的今天，教育领域的深刻变革正以前所未有的速度推进，其中最为显著的趋势之一便是技术与人文的深度融合，共同塑造了一个全新的教育生态。这一融合不仅革新了教学手段，丰富了教育资源，更深刻地影响了教育理念、师生关系以及教育评价等多个方面。以下从四个方面深入剖析技术与人文融合的教育新生态。

### （一）教育理念的人文化转向

随着技术的迅猛发展，教育领域曾一度陷入技术至上的误区，忽视了教育的本质——培养全面发展的人。然而，在技术与人文融合的浪潮中，教育理念正逐步回归人文化转向。这一转向强调教育应以人为本，关注学生的情感、道德、价值观等人文素养的培养，而不仅仅是知识的传授和技能的训练。技术在这一过程中成为辅助工具，帮助教师更好地理解和满足学生的个性化需求，促进学生全面而有个性发展。

### （二）教学手段的智能化与人性化并重

技术与人文的融合促使教学手段发生了深刻变化。一方面，智能化教学工具如智能课堂、在线学习平台等的应用，极大地提高了教学的效率和互动性，使得学习过程更加生动有趣。另一方面，这些技术手段在设计和应用时，也充分考虑了人性化的需求，如提供个性化的学习路径、关注学生的学习情感等，以确保技术的使用能够真正服务于学生的学习和发展。这种智能化与人性化并重的教学手段，使得教育更加贴近学生的实际需求，提高了教育的质量和效果。

### （三）师生关系的重构与深化

在技术与人文融合的教育新生态中，师生关系也经历了深刻的重构与深化。传统教育模式中，教师往往扮演着知识传授者的角色，而学生则是被动接受者。然而，在新技术的支持下，教师开始更多地扮演引导者、支持者和伙伴的角色，与学生共同探索知识、解决问题。这种新型师生关系不仅促进了师生之间的有效沟通和互动，还激发了学生的自主学习和创新能力。同时，技术也为学生提供了更多展示自我、表达观点的机会，使得他们在学习过程中更加积极主动、自信乐观。

#### （四）教育评价的多元化与人文关怀

技术与人文的融合还推动了教育评价的多元化与人文关怀。在新技术的支持下，教育评价开始更加注重过程性评价、表现性评价和多元化评价等多种评价方式的应用。这些评价方式不仅关注学生的学习成果，还关注他们的学习态度、合作能力、创新思维等人文素养的培养。同时，评价过程中也更加注重人文关怀，关注学生的情感需求和心理变化，为他们提供更加全面、客观、个性化的评价反馈和成长建议。这种多元化与人文关怀的教育评价，有助于促进学生的全面发展和个性成长。

## 第五节　数字时代英语教育的挑战与机遇

### 一、数据隐私与安全的保护问题

在数字时代英语教育的深入发展中，数据隐私与安全保护问题日益凸显，成为不可忽视的重要议题。这一挑战不仅关乎学生个体的权益保障，也直接影响到教育系统的稳定与信任。以下从四个维度深入剖析数据隐私与安全保护所面临的挑战。

#### （一）数据收集与使用的透明度缺失

在数字化教育环境中，学生的学习行为、成绩记录、个人偏好等大量数据被持续收集与分析，以支持个性化教学和评估。然而，这一过程中往往存在透明度不足的问题。学生及其家长可能并不完全了解哪些数据被收集、如何被使用以及数据的最终流向。这种信息不对称可能导致学生隐私的无意识泄露，引发信任危机。因此，提高数据收集与使用的透明度，确保学生及其家长对数据处理过程的知情权和选择权，是保护数据隐私的首要任务。

### （二）数据安全防护技术的局限性与挑战

尽管现代数据加密、防火墙等安全技术在不断进步，但面对日益复杂和多样化的网络攻击手段，数据安全防护仍面临严峻挑战。教育系统作为数据存储和传输的重要节点，一旦遭受黑客攻击或数据泄露，将对学生的个人隐私和学业安全造成巨大威胁。此外，随着物联网、云计算等技术的广泛应用，教育数据的存储和传输方式更加复杂，也增加了数据被非法获取和利用的风险。因此，加强数据安全防护技术的研究与应用，提升教育系统的整体安全防御能力，是保护数据安全的必要举措。

## 二、教育资源优化配置的机会

在数字时代，教育资源的优化配置成为了提升教育质量、促进教育公平的重要途径。通过利用现代信息技术手段，我们可以打破传统教育资源的物理界限，实现教育资源的跨地区、跨时间的高效共享。以下从四个维度探讨教育资源优化配置所带来的机遇。

### （一）教育资源的数字化与共享化

随着数字化技术的普及，越来越多的教育资源被转化为数字形式，如电子书籍、在线课程、虚拟实验室等。这些数字化资源具有易复制、易传播、易存储的特点，使得教育资源的共享成为可能。通过建设开放教育资源（OER）平台、在线教育平台等，学校、教师、学生乃至整个社会都可以便捷地获取到丰富多样的教育资源。这种共享化的模式不仅有效缓解了教育资源分配不均的问题，还促进了教育资源的不断创新和丰富。

### （二）个性化教学的实现

数字化教育资源为个性化教学提供了强有力的支持。通过大数据分析和人工智能技术，系统可以精准地分析学生的学习行为、能力水平和学习需求，从而为他们量身定制个性化的学习计划和教学资源。这种教学模式使得每个学生都能在自己最适合的节奏和方式下学习，极大地提高了教学效果和学习效率。同时，个性化教学也促进了学生自主学习能力的培养，为他们未来的终身学习奠定了坚实的基础。

### （三）教育公平的推进

教育资源的优化配置有助于进一步推进教育公平。在传统教育体系中，由于地理位置、经济条件等因素的限制，许多学生难以接触到优质的教育资源。而数字化教育资源的共享则打破了这些限制，使得无论身处何地的学生都能享受到高质量的教育。此外，通过远程教育、在线教育等方式，学生还可以跨越地域界限，与来自不同背景、不同文化的同学交流学习，拓宽视野，增进理解。这种跨文化的交流和学习对于培养学生的全球视野和跨文化交际能力具有重要意义。

### （四）教育创新与发展的加速

教育资源的优化配置还为教育创新与发展提供了强大的动力。在数字化时代，教育不再局限于传统的课堂和教材，而是向着更加多元化、智能化的方向发展。通过引入虚拟现实（VR）、增强现实（AR）、人工智能等先进技术，我们可以创造出更加生动、直观、互动的学习环境，激发学生的学习兴趣和创造力。同时，这些新技术也为教育评价、教育管理等方面带来了革新性的变化，使得教育更加科学、高效。这种教育创新与发展的加速不仅提高了教育的整体质量，也为培养适应未来社会需求的人才提供了有力保障。

教育资源优化配置在数字时代带来了诸多机遇。通过实现教育资源的数字化与共享化、推动个性化教学的实现、促进教育公平的推进以及加速教育创新与发展等方面的工作，我们可以构建一个更加开放、包容、高效的教育体系，为每一个学生提供更加优质的教育机会和成长环境。

## 三、技术创新促进教学质量提升的潜力

在数字化浪潮的推动下，技术创新正以前所未有的速度重塑着教育领域，为教学质量的提升开辟了广阔的空间。以下从四个维度深入剖析技术创新在促进教学质量提升方面的巨大潜力。

### （一）教学模式的革新

技术创新为教学模式的革新提供了无限可能。传统的教学模式往往依赖于面对面的讲授和纸质教材，限制了教学的灵活性和互动性。而现代信息技术的应用，如在线学习平台、虚拟现实（VR）、增强现实（AR）等，使得教学不再受时间和空间的限制，实现了教学内容的多样化、教学方式的灵活化以及教学过程的互动化。教师可以根据学科特点和教学目标，设计更加丰富多彩的教学活动，如模拟实验、情景模拟、在线讨论等，激发学生的学习兴趣和主动性，从而提高教学效果。

### （二）教学资源的丰富与优化

技术创新极大地丰富了教学资源的种类和数量，并实现了教学资源的优化配置。通过互联网和云计算技术，教师可以轻松获取到全球范围内的优质教育资源，如开放教育资源（OER）、专业数据库、教学视频等，这些资源不仅涵盖了广泛的学科领域，而且内容更新迅速，能够紧跟时代发展的步伐。同时，通过数据分析与挖掘技术，教师还可以对学生的学习数据进行深入分析，了解学生的学习习惯、能力水平和兴趣偏好，从而为他们提供更加精准、个性化的学习资源和指导。这种基于数据的教学资源优化策略，有助于提升教学的针对性和有效性。

### （三）教学评价的精准化与智能化

技术创新也为教学评价的精准化与智能化提供了有力支持。传统的教学评价往往依赖于考试成绩和教师的主观判断，难以全面、客观地反映学生的学习情况。而现代信息技术的应用，如智能测评系统、学习分析技术等，可以实时、准确地收集学生的学习数据，包括学习时长、答题情况、互动反馈等，并通过数据分析模型对学生的学习成效进行客观评估。这种基于大数据的教学评价方式，不仅提高了评价的准确性和公正性，还能够帮助教师及时发现学生的学习问题，提供有针对性的指导和帮助。此外，智能化的教学评价系统还能够为学生的学习过程提供即时反馈，帮助他们及时调整学习策略，提高学习效率。

### （四）教师专业发展的持续助力

技术创新还为教师的专业发展提供了持续助力。在传统教育体系中，教师的专业发展往往依赖于有限的培训资源和时间，难以满足教师个性化、多样化的学习需求。而现代信息技术的发展，如在线学习社区、教育博客、专业论坛等，为教师提供了一个便捷、高效的学习和交流平台。教师可以通过这些平台获取最新的教育理念、教学方法和教学资源，与同行进行交流和分享，不断提升自己的专业素养和教学能力。此外，通过参与在线课程、微认证等学习项目，教师还可以获得正式或非正式的学习认证，为自己的职业发展增添新的动力。这种基于技术的教师专业发展模式，有助于构建一个终身学习、持续发展的教育生态系统。

# 第三章　数字时代英语教学理念的革新

## 第一节　以学生为中心的个性化学习理念

### 一、理解学生差异性的重要性

在教育领域，理解并尊重每位学生的差异性是提升教学质量、促进个性化发展的关键所在。学生作为独立的个体，其成长背景、学习能力、兴趣爱好、性格特征等方面均存在显著差异。这种差异性要求教育者采用更加灵活、包容的教育策略，以满足不同学生的需求，促进其全面发展。以下从四个维度深入阐述理解学生差异性的重要性。

#### （一）促进教育公平与包容

理解学生差异性是实现教育公平与包容的重要前提。每个学生都是独一无二的，他们拥有不同的学习起点、速度和方式。如果教育者忽视这种差异性，采用统一的教学标准和模式，将会导致部分学生被边缘化，无法充分发挥其潜能。而当我们深入理解并尊重每位学生的独特性时，就能够为他们提供更加适宜的学习环境和资源，确保每个学生都能在适合自己的节奏下成长，实现教育机会的均等化。这种基于差异性的教育公平，不仅体现在学习成果的均衡上，更体现在对学生个体价值的认可和尊重上。

### （二）提升教学效果与学习动力

理解学生差异性对于提升教学效果和学习动力具有至关重要的作用。当学生感受到自己的独特性和价值被认可和尊重时，他们会更加积极地参与到学习过程中来，展现出更高的学习热情和动力。同时，教育者根据学生的差异性调整教学策略和方法，能够更有效地激发学生的学习兴趣和潜能，使他们在适合自己的领域中获得成就感和自信心。这种正向的反馈循环将进一步推动学生主动探索、积极学习，形成良性循环，从而提升整体教学效果。

### （三）培养创新思维与批判性思维

理解学生差异性还有助于培养学生的创新思维和批判性思维。在差异性教育的背景下，学生从不同角度、不同层面去思考问题、解决问题。这种开放性的学习环境为学生提供了广阔的思维空间和实践机会，使他们能够勇于尝试、敢于创新。同时，通过与其他具有不同观点和背景的同学交流互动，学生还能够学会批判性地审视自己的观点和想法，培养独立思考和判断的能力。

### （四）构建和谐的师生关系与校园文化

理解学生差异性还是构建和谐师生关系与校园文化的重要基石。当教育者能够深入了解并尊重每位学生的差异性时，他们就能够更加真诚地关心学生的成长和发展，建立起基于信任和尊重的师生关系。这种良好的师生关系不仅有助于提升学生的学习效果和学习动力，还能够为学生营造一个温馨、包容、和谐的校园环境。在这样的环境中，学生不仅能够获得知识和技能的提升，更能够感受到来自教师和同伴的关爱和支持，形成积极向上的心态和人格品质。这种积极的校园文化氛围将进一步推动学校的整体发展和社会影响力的提升。

## 二、个性化学习计划的制订

在当今教育领域，个性化学习已成为提升教学效果、满足学生多元发展需求的关键途径。个性化学习计划作为其实施的核心策略，对于促进学生自主发展、实现教育目标具有不可忽视的重要性。以下从四个方面详细阐述个性化学习计划制订的必要性、原则、实施策略及评估与调整机制。

### （一）个性化学习计划制订的必要性

每个学生都是独一无二的，他们在学习能力、兴趣偏好、学习风格等方面存在显著差异。而个性化学习计划的制订，正是基于对学生个体差异的深刻认识，旨在为学生提供量身定制的学习路径和资源，以满足其独特的学习需求。这不仅有助于激发学生的学习兴趣和动力，还能促进其潜能的最大化发展，最终实现教育目标的个性化达成。

### （二）个性化学习计划制订的原则

在制订个性化学习计划时，应遵循以下原则：一是以学生为中心，充分考虑学生的兴趣、能力、需求等个体差异；二是目标导向，明确学习目标并设计与之相匹配的学习活动和评估方式；三是灵活性，允许学生在学习过程中根据自身情况进行调整和优化；四是全面性，关注学生的全面发展，不仅限于学术知识的增长，还包括情感、社交、身体等多方面的成长；五是合作性，鼓励学生与教师、同伴之间的合作与交流，共同促进学习进步。

### （三）个性化学习计划的实施策略

个性化学习计划的实施需要综合运用多种策略。首先，通过诊断性评估了解学生的起始水平和学习特点，为后续计划的制订提供依据。其次，根据评估结果和学生需求，设计个性化的学习目标和内容，确保学习任务的针对性和挑战性。同时，提供多样化的学习资源和工具，如电子书籍、在线课程、学习软件等，以满足不同学生的学习风格和偏好。此外，采用灵活多样的教学方法和策略，如项目式学习、探究式学习、合作学习等，激发学生的学习兴趣和主动性。最后，建立定期的学习反馈和评估机制，及时了解学生的学习进展和困难，为计划的调整和优化提供依据。

### （四）个性化学习计划的评估与调整机制

个性化学习计划的评估与调整是确保其有效性的关键环节。评估应贯穿于整个学习过程之中，包括对学生学习成果的评估和对计划实施效果的评估。通过收集学生的学习数据、观察学生的学习行为、听取学生的反馈意见等方式，全面了解学生的学习情况和计划的实施效果。在评估的基础上，对个性化学习计划进行适时的调整和优化。这包括对学习目标的重新设定、学习内容的增减调整、学习方法的改进完善等。通过持续的评估和调整机制，确保个性化学习计划始终与学生的学习需求和发展方向保持一致，从而最大限度地发挥其促进学生学习和发展的作用。

## 三、学习路径的自主选择与调整

在个性化学习的框架下，学习路径的自主选择与调整是促进学生主动学习、自我管理和持续发展的关键环节。这一过程不仅赋予了学生更多的学习自主权，还促进了其批判性思维、问题解决能力和适应能力的发展。以下从四个维度深入探讨学习路径自主选择与调整的重要性、原则、实践策略以及技术支持。

### （一）自主选择学习路径的重要性

自主选择学习路径意味着学生可以根据自己的兴趣、学习目标、学习节奏以及能力水平来规划自己的学习道路。这种自主性不仅能够激发学生的学习动力和内在动机，还能培养他们的自主学习能力和自我管理能力。当学生能够根据自己的需求选择学习内容、方法和时间时，他们更有可能深入探索自己感兴趣的领域，获得更深层次的理解和体验。同时，自主选择学习路径还有助于学生发展批判性思维和解决问题的能力，因为他们在面对多样化的学习资源和路径时，需要学会筛选、评估和整合信息，从而做出合理的决策。

### （二）学习路径调整的原则

在自主选择学习路径的过程中，调整是不可避免的。有效的调整应遵循以下原则：一是灵活性，即学生能够根据学习进展和反馈及时调整自己的学习路径；二是目标导向，调整应始终围绕学习目标进行，确保学习方向不偏离；三是适应性，调整应充分考虑学生的个体差异和学习需求，确保新的学习路径更加适合学生；四是反馈驱动，调整应基于学生的学习反馈和评估结果，确保调整的科学性和有效性。

### （三）实践策略：促进学习路径的自主选择与调整

为了促进学生更好地自主选择与调整学习路径，可以采取以下实践策略：一是提供多样化的学习资源和学习工具，以满足学生不同的学习需求；二是开展学习规划指导，帮助学生明确学习目标、制订学习计划并学会评估自己的学习进展；三是培养学生的自主学习能力，包括时间管理、信息筛选、自我反思等能力；四是建立学习社群，鼓励学生之间的交流与合作，共同探索适合自己的学习路径；五是引入智能学习系统，利用大数据和人工智能技术为学生提供个性化的学习建议和反馈。

### （四）技术支持：优化学习路径的自主选择与调整

随着信息技术的飞速发展，各种智能学习平台和工具为学习路径的自主选择与调整提供了有力支持。这些技术不仅可以为学生提供个性化的学习资源和推荐，还可以根据学生的学习行为和反馈实时调整学习路径。例如，智能推荐系统可以根据学生的浏览历史、学习偏好和成绩表现等信息，为其推荐适合的学习资源和路径；学习分析系统则可以对学生的学习数据进行深入分析，发现潜在的学习问题并提供针对性的改进建议。此外，虚拟现实（VR）、增强现实（AR）等新技术也为学习路径的拓展和创新提供了无限可能，使学生能够在更加沉浸式的环境中进行学习和探索。通过充分利用这些技术支持，我们可以进一步优化学习路径的自主选择与调整过程，提升学生的学习体验和效果。

## 四、学习成效的个性化评估与反馈

在个性化学习的背景下，学习成效的评估与反馈不再局限于传统的标准化测试或统一标准下的评价，而是更加注重学生的个体差异、学习过程和成长轨迹。一个有效且个性化的评估与反馈体系，能够精准地反映学生的学习进展、识别其独特优势与待改进之处，并为学生提供定制化的指导和支持。以下从四个方面深入探讨学习成效的个性化评估与反馈。

### （一）个性化评估的重要性

个性化评估的核心在于"个性化"，即根据每位学生的独特性和学习需求，设计并实施针对性的评估方案。这种评估方式不仅关注学生的学习成果，更重视其学习过程中的态度、方法、能力等多方面的表现。个性化评估的重要性在于它能够：1）提供精准的学习诊断，帮助学生和教师明确学习现状；2）促进学习目标的个性化设定，确保评估与学习需求紧密相连；3）驱动学习路径的动态调整，根据评估结果优化学习方案；4）增强学生的学习动力和自我效能感，通过正面反馈激励学生持续进步。

### （二）评估内容与标准的多元化

个性化评估要求评估内容与标准的多元化，以全面反映学生的学习成效。评估内容应涵盖知识掌握、技能运用、情感态度、创新能力等多个维度，以体现学生的综合素养。同时，评估标准应根据学生的个体差异和学习目标进行差异化设定。例如，对于基础薄弱的学生，可以侧重于基础知识的巩固和基本技能的提升；而对于学有余力的学生，则可以设置更高层次的目标和挑战性任务。

### （三）评估方法的多样化与灵活性

为了实现个性化评估，需要采用多样化且灵活的评估方法。除了传统的纸笔测试外，还可以引入项目式评价、表现性评价、同伴评价、自我评价等多种评价方式。这些方法能够更全面地收集学生的学习信息，反映其在学习过程中的真实表现。同时，评估的时机和频率也应根据学生的学习进展和需求进行灵活调整。例如，在项目式学习中，可以通过阶段性评估和最终成果展示相结合的方式，对学生的整个学习过程进行综合评价。

### （四）反馈机制的个性化与及时性

个性化评估的最终目的是为学生提供有价值的反馈，以促进其进一步的学习和发展。因此，反馈机制必须是个性化的，能够针对学生的具体表现和需求提供定制化的指导建议。反馈内容应具体、明确且具有建设性，能够帮助学生认识到自己的优点和不足，并明确下一步的学习方向。同时，反馈的及时性也非常重要。及时的反馈能够让学生及时调整学习策略，避免错误的积累和固化。为此，教师可以利用现代信息技术手段，如在线学习平台、智能学习系统等，实现对学生学习数据的实时监控和即时反馈。此外，教师还应鼓励学生参与反馈过程，通过自我反思和同伴交流等方式，促进自我认知和学习能力的提升。

# 第二节　混合式教学模式的探索与实践

## 一、线上与线下教学的有机结合

在当今教育技术的迅猛发展中，线上与线下教学的有机结合已成为提升教学质量、拓宽学习渠道、促进教育公平的重要途径。这种教学模式的融合不仅打破了时间与空间的限制，还为学生提供了更加灵活多样的学习体验。以下从四个方面深入探讨线上与线下教学的有机结合。

### （一）互补优势，提升教学效果

线上与线下教学各有其独特的优势，二者的有机结合能够充分发挥这些优势，进而提升教学效果。线上教学以其资源丰富、互动性强、学习灵活等特点，为学生提供了个性化的学习空间。学生可以根据自己的学习节奏和需求，随时随地进行学习，并通过网络平台获取丰富的教育资源。同时，线上教学还促进了师生之间的即时互动，使得学习问题能够得到及时的解答和反馈。而线下教学则以其面对面交流、实践操作、情感交流等优势，为学生提供了更加真实、直观的学习体验。通过教师的现场讲解、示范和指导，学生能够更好地理解知识、掌握技能，并在与同学的互动中培养团队合作精神和沟通能力。

### （二）融合创新，丰富教学手段

线上与线下教学的有机结合，推动了教学手段的创新与丰富。教师可以根据教学内容和学生特点，灵活运用线上线下的教学资源和方法，设计多样化的教学活动。例如，在线上环节，教师可以利用多媒体课件、网络视频、在线测试等工具，进行知识点的讲解和巩固；在线下环节，则可以组织小组讨论、实验操作、角色扮演等活动，让学生在实践中深化理解、提升能力。这种融合创新的教学模式，不仅丰富了教学手段，还提高了学生的学习兴趣和参与度。

### （三）灵活适应，满足个性化需求

线上与线下教学的有机结合，使得教学模式更加灵活多变，能够更好地适应学生的个性化需求。在线上教学中，学生可以根据自己的兴趣和能力，自主选择学习内容和进度；同时，通过数据分析技术，教师还可以了解学生的学习情况和问题所在，为其提供更加精准的指导和支持。在线下教学中，教师则可以针对学生的不同特点和需求，进行差异化教学；通过面对面的交流和互动，教师还能够更好地了解学生的心理状态和学习困惑，为其提供更加贴心的关怀和帮助。这种灵活适应的教学模式，有助于促进学生的全面发展和个性化成长。

### （四）促进教育公平，拓宽学习渠道

线上与线下教学的有机结合，还有助于促进教育公平和拓宽学习渠道。通过线上教学平台，偏远地区的学生也能够享受到优质的教育资源和服务；同时，线上教学还打破了学校与家庭之间的界限，使得学生在家中也能够继续学习和发展。此外，线上教学还为学生提供了更加便捷的学习渠道和方式，使得他们可以根据自己的时间和需求进行学习；而线下教学则为学生提供了更加真实、直观的学习环境和体验。这种线上线下的有机结合，不仅拓宽了学生的学习渠道和方式，还促进了教育资源的均衡分配和共享。

## 二、灵活多样的教学活动设计

在现代教育体系中，灵活多样的教学活动设计是激发学生兴趣、促进深度学习、培养综合素养的关键。通过设计一系列既符合学生认知规律又富有创意的教学活动，教师能够为学生营造一个充满活力与挑战的学习环境。以下从四个方面探讨灵活多样的教学活动设计。

### （一）基于学生中心的个性化设计

教学活动的设计应始终以学生为中心，关注学生的个体差异和学习需求。这意味着教师需要深入了解学生的兴趣、能力、学习习惯等，以此为基础设计个性化的教学活动。例如，对于不同学习风格的学生，教师可以设计视觉、听觉或动手实践等多种类型的学习任务；对于能力层次不同的学生，可以设计分层教学任务，确保每位学生都能在适合自己的难度下学习并获得成就感。

### （二）跨学科整合与综合实践

在知识日益交叉融合的今天，跨学科的教学活动设计显得尤为重要。通过整合不同学科的知识与技能，教师可以设计一系列综合性的实践项目，让学生在解决实际问题的过程中综合运用所学知识。这种教学活动不仅能够提升学生的综合素养，还能培养他们的创新思维和问题解决能力。例如，结合数学、物理和信息技术设计一个机器人制作项目，让学生在动手实践中学习科学知识，锻炼团队合作能力。

### （三）情景模拟与角色扮演

情景模拟与角色扮演是增强教学活动趣味性和实效性的有效手段。通过模拟真实或虚构的情境，让学生扮演不同的角色，参与到问题的解决过程中，可以极大地激发学生的学习兴趣和参与度。这种教学活动能够帮助学生更好地理解抽象概念，掌握复杂技能，并培养他们的同理心和社会责任感。例如，在历史课上模拟古代法庭审判，让学生在角色扮演中深入理解历史事件和人物关系。

### （四）技术融合与数字化学习

随着信息技术的飞速发展，技术融合与数字化学习已成为教学活动设计的新趋势。教师可以利用多媒体、网络、人工智能等现代信息技术手段，设计丰富多样的数字化教学活动。这些活动不仅能够提供生动直观的学习材料，还能实现即时反馈和个性化指导，从而提升教学效果和学习效率。例如，利用在线协作平台组织小组讨论，利用虚拟现实技术进行沉浸式学习体验等。同时，教师还应关注数字素养的培养，引导学生正确、安全地使用数字技术进行学习。

## 三、学习资源的有效整合与利用

在知识爆炸的时代，学习资源的丰富性与多样性为教育提供了前所未有的机遇，但同时也带来了如何有效整合与利用这些资源的挑战。合理整合与高效利用学习资源，不仅能够拓宽学生的学习视野，提升学习效果，还能培养学生的自主学习能力和信息素养。以下从四个方面深入探讨学习资源的有效整合与利用。

### （一）明确资源整合的目标与原则

在进行学习资源整合之前，首先需要明确整合的目标与原则。资源整合的目标应聚焦于促进学生的学习与发展，确保资源的选择、组织和应用能够紧密围绕教学目标和学生需求展开。同时，资源整合应遵循一定的原则，如相关性原则，即所选资源应与教学内容紧密相关；多样性原则，即资源形式应丰富多样，以满足不同学生的学习需求；可访问性原则，即资源应易于获取和使用，避免技术壁垒。

### （二）构建系统化的资源体系

系统化的资源体系是有效整合与利用学习资源的基础。这要求教育者对各类学习资源进行全面的梳理和分类，形成结构清晰、层次分明的资源体系。在构建过程中，应注重资源的内在逻辑联系和互补性，确保资源之间能够相互支撑、相互促进。同时，还需建立资源的动态更新机制，及时补充和更新优质资源，保持资源体系的活力和时效性。

### （三）促进资源的开放共享与协同创新

开放共享是资源整合与利用的重要方向。通过建立开放的学习资源平台或利用现有的开放教育资源（OER），可以打破资源的地域、机构和个人限制，实现资源的广泛传播和共享使用。这不仅能够扩大学习资源的覆盖面，提高资源的利用率，还能促进资源的协同创新和持续改进。教育者应积极倡导资源共享的理念，鼓励师生共同参与资源的开发和建设，形成共建共享的良好氛围。

### （四）培养学生自主学习与资源利用的能力

在整合与利用学习资源的过程中，培养学生的自主学习与资源利用能力至关重要。教育者应引导学生学会如何识别、获取、评价和利用学习资源，提高他们的信息素养和自主学习能力。这包括教授学生使用搜索引擎、数据库等工具检索信息的方法；培养学生批判性思维，学会筛选和甄别信息的真伪与价值；以及引导学生学会将所学知识与实际问题相结合，运用资源进行创新实践。同时，教育者还应关注学生的学习过程，及时给予指导和反馈，帮助他们逐步形成良好的学习习惯和资源利用能力。通过这些措施的实施，可以使学生更好地适应信息化时代的学习要求，为他们的终身学习和未来发展奠定坚实的基础。

## 四、混合式教学效果的评估与改进

### （一）混合式教学效果的多维度评估

混合式教学效果的评估是一个复杂而系统的过程，它要求我们从多个维度全面审视教学过程的成效。首先，从知识掌握层面来看，评估应聚焦于学生对课程核心概念、原理及技能的理解与应用能力。这可以通过定期测试、作业分析、项目报告以及课堂互动中的即时反馈来实现。此外，利用在线学习平台的数据分析功能，如学习进度跟踪、习题正确率统计等，可以更加精确地把握每位学生的学习状况，为个性化教学提供依据。

其次，学习态度与动力的评估同样重要。混合式教学模式强调学生的主动参与和自主学习，因此，评估需关注学生的学习态度是否积极，是否能够有效管理自己的学习时间，以及是否愿意在课外继续探索相关知识。这可以通过问卷调查、学习日志、小组讨论中的发言积极性等方式进行。

再者，社交与协作能力的评估也是不可忽视的一环。混合式学习鼓励学生之间的交流与合作，通过小组合作项目、在线论坛讨论等形式，促进学生之间的沟通与协作。评估时应关注学生在团队中的角色定位、贡献度以及解决冲突的能力，这有助于提升学生的社会适应性和团队协作能力。

最后，创新能力与实践能力的评估也是混合式教学效果评估的重要组成部分。通过设计具有挑战性的项目任务，鼓励学生将所学知识应用于解决实际问题，观察其创新思维和问题解决能力的表现。同时，利用项目展示、作品评价等方式，让学生有机会展示自己的学习成果，获得成就感，进一步激发其学习动力。

### （二）混合式教学的持续改进策略

针对混合式教学效果的评估结果，我们应采取一系列持续改进策略，以不断提升教学质量和学习效果。首先，优化教学内容与资源。根据评估反馈，调整教学内容的深度与广度，确保既符合课程标准要求，又能满足学生的实际需求。同时，不断丰富和优化教学资源，如视频教程、在线题库、案例分析等，为学生提供更加丰富多样的学习材料。

其次，加强教学过程的互动与反馈。混合式学习强调师生、生生之间的互动与交流，因此，教师应积极利用在线学习平台的功能，如实时聊天、在线问答等，与学生保持密切联系，及时解答疑问，提供个性化指导。同时，鼓励学生之间的互评与讨论，促进知识的共享与深化。

再者，推动学习方式的个性化与差异化。每个学生都是独一无二的个体，其学习风格、能力水平及兴趣点各不相同。因此，在混合式教学中，教师应尊重学生的个性差异，采用多样化的教学策略和方法，如分层教学、项目式学习、翻转课堂等，以满足不同学生的学习需求。

最后，建立完善的评估与反馈机制。除了上述提到的多维度评估外，还应建立定期的教学反思与评估机制，对教学过程进行全面审视和总结。同时，鼓励学生参与教学评估，收集他们的意见和建议，为教学改进提供重要参考。通过持续的评估与反馈循环，不断优化混合式教学模式，提升教学质量和学习效果。

# 第三节　批判性思维与创新能力培养

## 一、批判性思维在英语教学中的融入

在当今全球化的时代背景下，英语作为国际交流的重要工具，其教学已不仅仅局限于语言知识的传授，更侧重于培养学生的综合素养，尤其是批判性思维能力。批判性思维是一种对信息进行深入分析、评估、推理和判断的能力，它对于学生在复杂多变的社会环境中做出明智决策、解决问题至关重要。以下从四个方面探讨批判性思维在英语教学中的融入。

### （一）课程内容的选择与设计

将批判性思维融入英语教学，首先需从课程内容的选择与设计入手。教师应精心挑选那些能够激发学生思考、引发讨论的话题和材料，如文化差异、历史事件等。这些话题不仅要有助于学生语言技能的提升，更要能够引发他们对深层次问题的思考。在设计教学活动时，教师应采用问题导向、项目式学习等方法，鼓励学生主动探索、分析问题，并通过小组讨论、辩论等形式，促进思想的碰撞与交流。这样的课程内容与设计，能够为学生提供一个充满挑战与机遇的学习环境，激发他们的批判性思维潜能。

### （二）教学方法的创新与实践

教学方法的创新是融入批判性思维的关键。教师应积极探索并实施以学生为中心的教学方法，如探究式学习、合作学习、反思性教学等。这些方法强调学生的主体性和参与性，鼓励他们在学习过程中主动提出问题、寻找答案、评价信息。同时，教师还应注重培养学生的质疑精神，引导他们学会从不同角度审视问题，挑战权威观点，形成自己的独立见解。通过这些教学方法的实践，学生能够逐渐掌握批判性思维的技巧和方法，提升他们的思维品质。

### （三）思维技能的训练与提升

批判性思维包括一系列具体的思维技能，如分析、综合、推理、判断等。在英语教学中，教师应有意识地训练和提升这些技能。例如，在阅读教学中，教师可以引导学生分析文章的结构、作者的观点、论据的充分性等，培养他们的分析能力和判断能力；在写作教学中，教师可以鼓励学生提出自己的观点、收集并评估证据、构建合理的论证过程，提升他们的综合能力和推理能力。此外，教师还可以设计专门的思维训练活动，如逻辑推理题、批判性阅读任务等，以进一步强化学生的批判性思维技能。

### （四）评价体系的改革与完善

评价体系的改革是确保批判性思维融入英语教学的重要保障。传统的评价体系往往侧重于对学生语言知识的测试，而忽视了对学生思维能力的评估。为了促进学生批判性思维的发展，教师应建立多元化的评价体系，将学生的思维能力纳入评价范围。这包括对学生的分析、综合、推理、判断等思维技能进行评价，以及对学生在课堂讨论、项目合作中的表现进行综合评价。同时，教师还应注重评价过程的动态性和发展性，关注学生的成长轨迹和进步空间，为他们提供有针对性的反馈和指导。通过改革和完善评价体系，可以更加全面、客观地反映学生的综合素养和批判性思维能力。

## 二、创新教学策略的尝试与应用

在教育领域，创新教学策略是推动教学改革、提升教学质量的重要途径。随着教育理念的不断进步和技术手段的快速发展，越来越多的创新教学策略被引入到教学实践中，为学生的学习体验带来了革命性的变化。以下从四个方面分析创新教学策略的尝试与应用。

### （一）技术融合教学：数字化与智能化的探索

在信息化时代，技术融合教学已成为不可逆转的趋势。通过引入数字化工具和智能化平台，教师可以创造出更加丰富、互动和个性化的学习环境。例如，利用在线协作工具促进学生之间的远程交流与合作；利用虚拟现实（VR）和增强现实（AR）技术为学生提供沉浸式的学习体验；利用智能分析系统跟踪学生的学习进度和表现，实现精准教学。这些技术的应用不仅提高了教学效率，还激发了学生的学习兴趣和创造力，促进了他们自主学习能力的发展。

### （二）项目式学习：实践导向的深度探索

项目式学习是一种以解决实际问题为导向的教学策略，它鼓励学生通过参与真实或模拟的项目来学习和应用知识。在项目式学习中，学生需要综合运用所学知识，进行团队合作、研究调查、设计解决方案等一系列活动。这种教学策略不仅有助于学生深入理解知识、掌握技能，还能培养他们的创新思维、问题解决能力和团队合作精神。同时，项目式学习还强调跨学科整合，鼓励学生将不同领域的知识和技能相互融合，形成综合性的素养。

### （三）翻转课堂：颠覆传统课堂的教学模式

翻转课堂是一种颠覆传统课堂的教学模式，它将知识的传授和内化过程进行了颠倒。在翻转课堂中，学生在课前通过观看教学视频、阅读教材等方式自主学习知识，而在课堂上则主要进行问题讨论、实践操作和深度探究等活动。这种教学模式不仅提高了学生的自主学习能力，还增强了课堂的互动性和针对性。通过翻转课堂，教师可以更好地关注学生的学习需求和个体差异，为他们提供更加个性化的指导和支持。同时，翻转课堂还促进了学生之间的合作与交流，培养了他们的沟通能力和批判性思维。

### （四）差异化教学：尊重个体差异的教学策略

每个学生都是独一无二的个体，他们具有不同的学习风格、兴趣和能力。因此，差异化教学成为了一种备受关注的教学策略。差异化教学强调根据学生的学习需求和个体差异来制订个性化的教学计划。在差异化教学中，教师需要充分了解学生的特点，包括他们的学习风格、兴趣偏好、能力水平等，并据此调整教学内容、方法和进度。同时，教师还需要为学生提供多样化的学习资源和支持服务，以满足他们不同的学习需求。通过差异化教学，教师可以更好地激发学生的学习兴趣和动力，促进他们的全面发展。

## 三、鼓励学生质疑与提出假设

在教育的殿堂中，鼓励学生质疑与提出假设是培养其批判性思维、创新思维以及自主学习能力的重要一环。这种教育策略不仅能够打破传统的知识接受模式，还能激发学生的好奇心和探索欲，使他们在知识的海洋中勇于航行，发现未知。以下从四个方面深入分析鼓励学生质疑与提出假设的重要性及其实施策略。

### （一）培养批判性思维的基础

批判性思维是现代社会对人才的基本要求之一，它要求个体在面对信息时能够保持独立思考，不盲从、不轻信。鼓励学生质疑，正是培养其批判性思维的第一步。当学生被鼓励去质疑既有知识、观点或结论时，他们会学会从不同角度审视问题，分析论据的充分性，评估结论的合理性。这种过程不仅能够加深学生对知识的理解，还能锻炼他们的逻辑思维和判断能力，为形成独立的见解奠定基础。

### （二）激发创新思维的动力

创新往往源于对现状的不满和对未知的渴望。鼓励学生提出假设，就是鼓励他们跳出既有框架，勇于探索未知领域。在提出假设的过程中，学生需要运用想象力、创造力以及跨学科的知识和技能，去构想新的可能性、设计新的方案或解决新的问题。这种过程不仅能够激发学生的创新思维，还能培养他们的创新意识和实践能力，为他们未来的学习和工作打下坚实的基础。

### （三）促进主动学习的氛围

传统的教学模式往往以教师为中心，学生处于被动接受知识的状态。而鼓励学生质疑与提出假设，则能够打破这种被动局面，促进主动学习氛围的形成。当学生被赋予提问和假设的权利时，他们会更加积极地参与到学习过程中来，主动探索、思考、交流。这种主动学习的态度不仅能够提高学生的学习效率和质量，还能培养他们的自主学习能力和终身学习的习惯。

### （四）构建开放包容的课堂文化

鼓励学生质疑与提出假设，还需要构建一个开放包容的课堂文化。这种文化应该鼓励学生敢于表达自己的观点和想法，即使这些观点可能与主流意见相悖；应该尊重每个学生的独特性和差异性，允许他们以自己的方式去理解和解释世界；应该重视学生的批判性思维和创新能力的发展，为他们提供足够的支持和引导。在这样的课堂文化中，学生不仅能够获得知识和技能的提升，还能在情感、态度和价值观等方面得到全面的发展。

鼓励学生质疑与提出假设是教育教学中不可或缺的一环。它不仅能够培养学生的批判性思维、创新思维和自主学习能力，还能促进主动学习氛围的形成和开放包容课堂文化的构建。因此，教育者应该积极采取各种措施来鼓励学生质疑与提出假设，让他们在探索未知的过程中不断成长和进步。

## 四、项目式学习在创新能力培养中的作用

项目式学习作为一种以学生为中心、实践导向的教学模式，在培养学生的创新能力方面发挥着不可估量的作用。它不仅为学生提供了一个将理论知识应用于实际问题的平台，还促进了跨学科知识的融合、批判性思维的发展

以及团队合作能力的提升，这些要素共同构成了创新能力培养的关键要素。以下从四个方面深入剖析项目式学习在创新能力培养中的重要作用。

### （一）实践探索：激发创新灵感的源泉

项目式学习强调“做中学”，通过让学生参与真实或模拟的项目任务，使他们在解决实际问题的过程中不断探索、尝试和创新。这种实践探索的过程为学生提供了宝贵的经验积累，使他们能够在面对未知和挑战时，勇于尝试新的方法、技术和思路。同时，实践中的挫折与失败也是激发学生创新灵感的源泉，促使他们不断反思、调整和完善自己的解决方案，从而培养出坚韧不拔的创新精神。

### （二）跨学科整合：拓宽创新视野的窗口

项目式学习往往涉及多个学科领域的知识和技能，要求学生综合运用所学知识来解决问题。这种跨学科整合的学习方式不仅拓宽了学生的知识视野，还促进了不同学科之间的交叉融合，为创新提供了更多的可能性和空间。在跨学科项目的实施过程中，学生需要打破学科壁垒，建立跨学科的联系和对话，从而激发出新的思维火花和创意点。这种跨学科的思维方式有助于学生形成更加全面、深刻和系统的认识，为创新能力的培养提供了坚实的基础。

### （三）批判性思维：深化创新理解的钥匙

项目式学习鼓励学生质疑、假设和验证，这种过程本身就是批判性思维的体现。在项目实施的各个阶段，学生需要不断分析问题的本质、评估信息的可靠性、推理结论的合理性，这些活动都有助于培养他们的批判性思维能力。批判性思维不仅使学生能够更加准确地把握问题的关键和核心，还能够使他们更加客观地看待不同的观点和解决方案，从而避免盲目跟风和从众心理。这种独立思考和判断的能力是创新能力的重要组成部分，有助于学生在创新过程中保持清醒的头脑和敏锐的洞察力。

### （四）团队协作：强化创新实践的保障

项目式学习强调团队合作和共同学习的重要性。在项目实施过程中，学生需要与他人密切合作，共同制订计划、分配任务、协调资源和解决问题。这种团队协作的过程不仅能够锻炼学生的沟通能力和协作能力，还能够激发他们的集体智慧和创造力。在团队中，每个成员都可以发挥自己的专长和优势，相互学习、相互启发，从而形成更加全面和创新的解决方案。同时，团队中的竞争与合作也能够激发学生的积极性和进取心，使他们在追求个人成就的同时也为团队的成功贡献自己的力量。这种团队协作的精神和氛围是创新能力培养的重要保障，有助于学生在未来的工作和生活中更好地适应和应对各种挑战。

## 第四节 跨文化交际能力在数字平台上的提升

### 一、数字平台上的跨文化交流实践

在数字时代，互联网与社交媒体等数字平台不仅改变了人们的日常生活方式，也极大地促进了跨文化交流能力的提升。这些平台打破了地理界线，使得不同文化背景的人们能够轻松互动，共享知识与经验。本小节将从四个方面深入分析数字平台上跨文化交流实践的现状与影响。

#### （一）消除地理障碍，促进即时互动

数字平台最显著的特点之一是其跨越地理限制的能力。在传统社会，跨文化交流往往受到地理位置、交通不便、通信技术落后等因素的制约，使得交流变得缓慢且成本高昂。然而，随着互联网的普及和社交媒体的发展，这一障碍被彻底打破。人们只需轻点鼠标或滑动手机屏幕，就能与世界各地的人建立联系，进行即时互动。这种即时的交流方式不仅加快了信息传递的速

度，也使得文化交流和理解的过程更加直观和生动。在数字平台上，人们可以通过视频通话、在线聊天、社交媒体帖子等多种形式，实时分享自己的文化见解、生活体验和价值观，从而增进对不同文化的理解和尊重。

### （二）丰富文化内容，拓宽认知视野

数字平台为跨文化交流提供了丰富的文化内容资源。通过搜索引擎、在线图书馆、视频分享网站等，人们可以轻松获取到来自世界各地的文化信息，包括历史、艺术、音乐、美食、节日等各个方面。这些资源不仅数量庞大，而且形式多样，能够满足不同人群的兴趣和需求。在数字平台上，人们可以观看不同国家的电影和纪录片，了解异国风情；可以阅读外国文学作品，感受不同文化的思想精髓；还可以参与在线课程，系统学习其他国家的语言和文化。这些丰富的文化内容资源极大地拓宽了人们的认知视野，使得人们能够更加全面地了解和欣赏不同文化的独特魅力。

### （三）增强文化认同，促进文化多样性

数字平台上的跨文化交流不仅促进了文化内容的传播和共享，还增强了人们的文化认同感和归属感。在数字平台上，人们可以找到自己的文化群体，与志同道合的人共同交流和学习。这种群体归属感使得人们更加珍视自己的文化遗产，同时也更加尊重和理解其他文化的多样性。在数字平台上，人们可以通过发布自己的文化见解和经历，展示自己的文化特色，从而获得他人的认可和赞赏。这种正向的反馈机制进一步增强了人们的文化自信心和自豪感。同时，数字平台上的跨文化交流也促进了不同文化之间的融合和创新，为文化多样性的发展注入了新的活力。

### （四）提升交流技能，应对文化冲突

在数字平台上进行跨文化交流，不可避免地会遇到文化冲突和误解。然而，正是这些挑战促使人们不断提升自己的交流技能和跨文化适应能力。在数字平台上，人们需要学会使用多种语言进行交流，了解不同文化的表达方

式和习惯用语。同时，人们还需要具备敏锐的文化意识，能够识别并尊重不同文化之间的差异和独特性。在交流过程中，人们需要保持开放的心态和包容的态度，积极倾听对方的观点和意见，寻求共识和合作。这种交流过程不仅提升了人们的交流技能，还培养了他们的跨文化敏感性和适应性。在面对文化冲突时，人们能够更加冷静和理性地处理问题，找到合适的解决方案。

数字平台为跨文化交流提供了前所未有的便利和机遇。通过消除地理障碍、丰富文化内容、增强文化认同和提升交流技能等方面的实践，数字平台上的跨文化交流不仅促进了不同文化之间的理解和尊重，还推动了文化多样性的发展和创新。在未来，随着数字技术的不断发展和创新，数字平台上的跨文化交流实践将继续深化和拓展，为人类社会的和谐发展贡献更大的力量。

## 二、国际视野的拓展与深化

在全球化日益加深的今天，国际视野的拓展与深化成为了个人成长与发展的重要组成部分。数字平台的兴起，更是为这一过程提供了前所未有的契机和工具。以下从四个方面详细阐述国际视野在数字平台上的拓展与深化。

### （一）信息获取的全球化与即时性

数字平台打破了传统信息传播的界限，使得全球范围内的信息能够即时、便捷地传递至每一个角落。通过搜索引擎、新闻网站、社交媒体等渠道，人们可以迅速获取到来自世界各地的最新资讯，包括政治、经济、科技、文化等多个领域。这种全球化的信息获取方式，极大地拓宽了人们的视野，让人们能够更加全面、客观地了解世界的变化和发展趋势。同时，即时性的信息传播也让人们能够紧跟时代步伐，对国际事件保持高度的敏感性和关注度。

## （二）文化交流的无界线与深入性

数字平台不仅是信息传递的媒介，更是文化交流的重要平台。在这里，不同文化背景的人们可以跨越地理和语言的障碍，自由地进行思想碰撞和文化交流。通过在线论坛、社交媒体群组、跨国合作项目等形式，人们可以深入了解其他文化的历史、传统、习俗和价值观，增进对不同文化的理解和尊重。这种无界限的文化交流，不仅促进了文化的多样性和丰富性，还推动了文化的融合与创新。随着交流的深入，人们开始更加关注全球性问题，进一步加深了人们的国际视野。

## （三）教育资源的国际化与共享性

数字平台为教育资源的国际化提供了有力支持。在线教育平台的兴起，使得全球优质的教育资源得以跨越国界，惠及更多人群。通过在线课程、远程教学、虚拟实验室等方式，人们可以接触到来自世界顶尖学府和专家的教学内容和研究成果。这种国际化的教育资源共享，不仅提高了教育的普及率和质量，还促进了教育公平和知识的普及。在学习过程中，人们可以接触到不同的教育理念和教学方法，培养自己的批判性思维和创新能力，从而更加全面地认识和理解世界。

## （四）全球合作与参与感的增强

数字平台为人们提供了参与全球合作的机会和途径。通过跨国项目、国际组织、志愿者活动等平台，人们可以与其他国家的人们携手合作，共同解决全球性问题。这种合作不仅有助于推动全球治理体系的完善和发展，还增强了人们的责任感和使命感。在参与全球合作的过程中，人们能够深刻感受到自己作为地球村一员的身份和角色，更加积极地参与到全球事务中来。同时，数字平台还为人们提供了表达意见和诉求的渠道，使得每个人的声音都能被听到和重视。这种参与感的增强，进一步加深了人们的国际视野和全球意识。

数字平台在国际视野的拓展与深化方面发挥着重要作用。通过全球化的信息获取、无界限的文化交流、国际化的教育资源共享以及全球合作与参与感的增强，数字平台不仅拓宽了人们的视野和认知边界，还促进了全球文化的交流与融合，推动了全球治理体系的完善和发展。在未来，随着数字技术的不断发展和创新，数字平台将继续在国际视野的拓展与深化方面发挥更加重要的作用。

## 三、跨文化沟通策略的学习与运用

在全球化日益加深的今天，跨文化沟通已成为个人和职业发展中不可或缺的能力。数字平台不仅为跨文化交流提供了便捷的途径，也促使我们不断探索和学习有效的跨文化沟通策略。以下从四个方面详细阐述跨文化沟通策略的学习与运用。

### （一）理解文化差异，建立文化敏感性

跨文化沟通的首要任务是理解并尊重文化差异。数字平台上的信息丰富多样，为我们提供了深入了解不同文化的窗口。通过学习不同文化的历史、传统、价值观和社会规范，我们可以认识到文化差异的普遍性和多样性。在此基础上，我们需要培养文化敏感性，即能够敏锐地感知和识别不同文化背景下的非言语信号、交际习惯和社会期望。这种敏感性有助于我们避免在跨文化沟通中因误解或忽视文化差异而产生的冲突和障碍。

### （二）提升语言能力，增强沟通效果

语言是跨文化沟通的重要工具。掌握一门或多门外语，能够使我们更直接、更准确地与来自不同文化背景的人进行交流。在数字平台上，我们可以利用在线语言学习工具、语言交流社区等资源，不断提升自己的语言能力。除了语言技能本身，我们还需要了解不同文化中的语言习惯、表达方式和交际风格，以便在沟通中更加得体、恰当地运用语言。通过有效的语言表达，

我们可以更好地传达自己的意图和情感，同时也能够更准确地理解对方的观点和感受，从而增强沟通效果。

### （三）运用非言语沟通，弥补语言障碍

非言语沟通在跨文化沟通中同样具有重要作用。由于语言差异和文化背景的不同，有时言语沟通可能无法完全传达我们的意图和情感。此时，非言语沟通如面部表情、肢体语言、声音语调等就显得尤为重要。在数字平台上，虽然部分非言语信号可能无法直接传递，但我们仍然可以通过文字表达、表情包、在线视频通话等方式来模拟和强化非言语沟通的效果。同时，我们也需要学会观察和解读来自不同文化背景的非言语信号，以便更准确地理解对方的情感和意图。通过灵活运用非言语沟通策略，我们可以更好地弥补语言障碍，促进跨文化沟通的顺利进行。

### （四）培养适应性和灵活性，应对沟通挑战

跨文化沟通中难免会遇到各种挑战和困难，如语言障碍、文化差异、误解和冲突等。为了有效应对这些挑战，我们需要培养适应性和灵活性。适应性是指我们能够根据不同文化背景下的沟通环境和对象调整自己的沟通策略和行为方式。在数字平台上，我们可以根据对方的反应和反馈及时调整自己的沟通内容和方式，以更好地适应对方的沟通习惯和需求。灵活性则是指我们在面对沟通障碍和冲突时能够保持冷静和开放的心态，积极寻求解决方案和妥协方式。通过培养适应性和灵活性，我们可以更好地应对跨文化沟通中的挑战和困难，促进沟通的顺利进行和关系的和谐发展。

跨文化沟通策略的学习与运用是一个持续不断的过程。通过理解文化差异、提升语言能力、运用非言语沟通以及培养适应性和灵活性等策略，我们可以更好地应对跨文化沟通中的挑战和困难，提升自己的跨文化沟通能力。在数字平台上，我们更应该充分利用这些资源和工具，不断学习和实践跨文化沟通策略，以更好地适应全球化时代的发展需求。

## 四、数字时代下的文化敏感性与包容性培养

在数字时代，信息的快速流通与全球化的深入发展，使得文化敏感性与包容性的培养显得尤为重要。数字平台作为文化交流与传播的主要阵地，不仅加速了文化间的碰撞与融合，也对个体的文化认知与态度提出了更高要求。以下从四个方面深入探讨数字时代下文化敏感性与包容性的培养。

### （一）强化数字素养，提升文化理解能力

数字素养是适应数字时代生存与发展的基本能力，它包括对数字信息的获取、分析、评价、创造和传播等方面的能力。在培养文化敏感性与包容性的过程中，强化数字素养至关重要。通过提升数字素养，个体能够更有效地利用数字平台获取多元化的文化信息，理解不同文化的背景、内涵及价值，进而增强对不同文化的尊重与理解。同时，数字素养的提升还能帮助个体辨别文化信息中的真伪与偏见，形成独立的文化判断力。

### （二）倡导主动学习，深化文化认知

在数字时代，知识更新速度极快，文化现象层出不穷。为了保持对文化的敏感性和包容性，个体应主动学习，不断深化对文化的认知。这包括通过阅读、观看、讨论等多种形式，广泛接触和了解不同文化的历史、艺术、宗教、社会习俗等方面。主动学习不仅能够帮助个体拓宽文化视野，还能够促进其思维方式的转变，使其更加开放和包容地看待不同文化之间的差异与多样性。

### （三）培养同理心，增进文化共鸣

同理心是理解他人情感、需求和处境的能力，也是培养文化敏感性与包容性的重要基石。在数字平台上，个体可以通过参与跨文化交流、观看纪录片、阅读文学作品等方式，尝试站在他人的角度思考问题，感受不同文化背景下的情感体验。这种同理心的培养有助于增进个体对不同文化的共鸣与理

解，减少误解和偏见。同时，同理心还能激发个体的责任感和使命感，促使其为促进文化和谐与交融贡献自己的力量。

#### （四）倡导对话与协商，构建文化共识

在数字时代，文化间的交流与碰撞更加频繁和直接。为了有效应对文化间的差异与冲突，个体应倡导对话与协商的精神，积极寻求文化共识。这包括在数字平台上积极参与文化讨论、尊重他人的观点与立场、以开放和包容的态度面对不同文化的挑战与质疑。通过对话与协商，个体可以更加深入地了解不同文化的内涵与价值，发现文化间的共性与互补性，从而构建更加和谐与包容的文化关系。同时，对话与协商还能够促进文化创新与发展，为文化的繁荣与进步注入新的活力。

数字时代下文化敏感性与包容性的培养是一个系统工程，需要个体从多个方面入手。通过强化数字素养、倡导主动学习、培养同理心以及倡导对话与协商等策略，个体可以不断提升自己的文化敏感性与包容性水平，更好地适应全球化时代的发展需求。同时，这些策略的实施也将有助于促进文化间的交流与融合，推动人类文明的进步与发展。

## 第五节　终身学习理念在英语教学中的融入

### 一、终身学习理念的意义与价值

在快速变化的 21 世纪，终身学习理念已成为社会进步与个人发展的核心驱动力。它不仅是对传统教育观念的深刻反思，更是对未来世界发展趋势的积极回应。以下从两个维度深入剖析终身学习理念的意义与价值。

### （一）适应时代变迁，促进个人全面发展

随着科技的日新月异和全球化的加速推进，知识更新速度前所未有地加快，新技能、新领域层出不穷。在这样的背景下，传统的“一次性学习”模式已难以满足个人持续成长的需求。终身学习理念强调学习是一个贯穿生命始终的过程，鼓励个体不断追求新知，勇于探索未知领域。这种理念促使个人保持对学习的热情和好奇心，不断提升自我，以适应时代的变化。

首先，终身学习有助于个人技能的持续升级。在知识经济时代，技能是竞争力的重要体现。通过不断学习新技能、新知识，个人能够保持在职场中的竞争力，甚至开创属于自己的事业。同时，跨学科的学习还能激发创新思维，促进个人在多个领域内的全面发展。

其次，终身学习促进个人价值观的完善与升华。在学习的过程中，个体不仅获取知识，更在不断地反思、质疑与重构中，深化对自我、他人及世界的理解。这种深刻的内省过程有助于形成更加成熟、包容的价值观，使个人在复杂多变的社会环境中保持定力，追求更高层次的精神满足。

### （二）推动社会进步，构建学习型社会

终身学习理念不仅关乎个人成长，更对社会发展具有深远影响。一个崇尚终身学习的社会，将拥有更加充沛的创新活力和持续的发展动力。

首先，终身学习是提升国家竞争力的关键。在全球化的竞争格局中，国家的竞争力越来越依赖于其人力资源的质量。一个拥有大量具备终身学习能力的公民的国家，能够更快地吸收新技术、新思想，推动产业升级和经济转型。这种基于知识的竞争优势，将成为国家发展的重要支撑。

其次，终身学习有助于构建更加和谐、包容的社会。在终身学习的氛围下，人们更加尊重知识、尊重人才，不同背景、不同领域的人们通过共同学习、交流，增进彼此的理解和尊重。这种跨界的融合与碰撞，不仅能够激发新的创意和灵感，还能促进社会的多元化和包容性发展。

此外，终身学习还是推动社会公平的重要途径。在知识经济时代，教育资源的分配不均可能导致社会阶层的固化。而终身学习理念则打破了这一壁垒，为每个人提供了通过自我努力改变命运的机会。无论出身如何，只要拥有学习的热情和毅力，就有可能实现个人价值的最大化和社会地位的提升。

综上所述，终身学习理念的意义与价值体现在促进个人全面发展与推动社会进步两个层面。它不仅是个人适应时代变迁、实现自我超越的必然选择，也是构建学习型社会、提升国家竞争力、促进社会和谐与包容的重要基石。

## 二、英语教学中的自主学习能力培养

在英语教学领域，培养学生的自主学习能力不仅是提升教学效果的关键，也是培养学生终身学习习惯的重要途径。自主学习能力使学生能够在没有直接教师指导的情况下，自我驱动地探索知识、解决问题并持续进步。以下从四个维度深入剖析英语教学中自主学习能力培养的重要性及其实施策略。

### （一）激发内在学习动机，培养学习兴趣

自主学习能力的培养首先依赖于学生内在学习动机的激发。教师应通过多样化的教学手段和丰富的教学资源，激发学生对英语学习的兴趣和热情。例如，可以引入英文歌曲、电影、新闻等贴近学生生活的素材，让学生在轻松愉快的氛围中感受英语的魅力；同时，设计具有挑战性和趣味性的学习任务，鼓励学生主动参与、积极探索，从而体验到学习英语的成就感。当学生意识到学习英语是一种享受而非负担时，他们自然会形成自主学习的动力。

### （二）教授学习策略，提升自主学习能力

自主学习能力的提升离不开有效的学习策略。教师应在教学过程中系统地教授学生如何制订学习计划、如何选择学习资源、如何有效记忆单词和语法规则、如何进行自我评估和调整等学习策略。这些策略不仅有助于学生提高学习效率，还能帮助他们在面对学习困难时保持冷静和自信。此外，教师

还应鼓励学生尝试不同的学习方法，找到最适合自己的学习方式，从而更加高效地进行自主学习。

### （三）构建支持性学习环境，促进自主学习

一个支持性的学习环境对于培养学生的自主学习能力至关重要。教师应努力营造一个开放、包容、鼓励探索的课堂氛围，让学生敢于提问、敢于表达自己的想法。同时，教师应充分利用现代信息技术手段，如网络课程、在线资源库等，为学生提供丰富的学习资源和便捷的学习工具。此外，教师还应建立有效的反馈机制，及时对学生的自主学习成果给予肯定和建议，帮助他们不断改进学习方法，提高自主学习能力。

### （四）培养自我管理能力，实现持续进步

自我管理能力是自主学习能力的核心。在英语学习过程中，学生需要学会管理自己的时间、情绪和目标。教师应引导学生制订合理的学习计划，并督促他们按时完成学习任务；同时，教会学生如何调整自己的心态，面对学习中的挫折和失败时能够保持积极向上的态度。此外，教师还应鼓励学生设定具体、可达成的学习目标，并帮助他们制定实现这些目标的策略和步骤。通过不断的自我管理和调整，学生能够逐渐形成良好的学习习惯和自律能力，从而实现英语学习的持续进步。

## 三、持续学习资源的推荐与引导

在倡导终身学习的时代，持续学习资源的获取与有效利用成为个人成长与发展的重要保障。针对英语学科及更广泛的领域，提供高质量的学习资源推荐与恰当的学习引导，对于促进学习者的自主学习能力、深化知识理解及拓宽视野具有重要意义。以下从四个方面展开论述。

### （一）多元化学习资源的识别与筛选

在信息爆炸的时代，学习资源的丰富性前所未有，但同时也伴随着信息过载与质量参差不齐的问题。因此，识别并筛选出高质量、适合个人学习需求的资源显得尤为重要。教师应具备敏锐的洞察力，关注行业动态，了解最新的教育技术和学习资源平台，如 MOOCs（大型开放在线课程）、专业学术数据库、在线图书馆、语言学习应用等，并根据学生的学习阶段、兴趣偏好及学习目标，推荐相应的资源。同时，教会学生如何评估资源的质量与适用性，如查看作者背景、出版机构、用户评价等，培养其自主筛选资源的能力。

### （二）个性化学习路径的规划与设计

每个人的学习风格、兴趣爱好及学习能力都各不相同，因此，提供个性化的学习路径是确保学习效果的关键。教师可以通过问卷调查、学习诊断等方式，了解学生的基本情况和学习需求，进而为其量身定制学习计划。这包括确定学习目标、规划学习时间表、选择合适的学习材料和方法等。此外，教师还应引导学生根据自我反思和学习进度，适时调整学习路径，确保学习过程的连续性和有效性。个性化学习路径的设计不仅有助于激发学生的学习动力，还能促进其自主学习能力的提升。

### （三）学习方法的指导与优化

掌握有效的学习方法对于提高学习效率和质量至关重要。教师应根据学生的学习特点和资源特性，提供针对性的学习方法指导。例如，对于语言学习，可以推荐记忆单词的技巧、阅读理解的策略、口语表达的练习方法等；对于专业知识学习，可以介绍思维导图、批判性思维、案例分析等工具的应用。同时，鼓励学生在实践中不断尝试和调整学习方法，找到最适合自己的方式。此外，教师还应引导学生关注学习过程中的反思与总结，通过撰写学习日志、参与小组讨论等方式，加深对学习内容的理解和记忆。

### （四）学习社区的构建与互动

学习不仅仅是个体行为，更是一种社交活动。构建积极向上的学习社区，促进学生之间的交流与合作，有助于激发学习动力、拓宽学习视野。教师可以通过建立学习论坛、在线协作平台等方式，搭建学生之间的互动桥梁。在学习社区中，学生可以分享学习心得、提问解惑、参与讨论，形成互助共进的良好氛围。此外，教师还可以邀请行业专家、学者或优秀校友加入社区，为学生提供专业指导和职业规划建议。学习社区的构建不仅丰富了学习资源，还为学生提供了展示自我、锻炼能力的舞台，促进了其全面发展。

## 四、建立终身学习的支持体系与激励机制

在推动终身学习的进程中，构建一个全面、有效的支持体系与激励机制是至关重要的。这样的体系不仅能够为学习者提供必要的资源和指导，还能激发其持续学习的动力，确保学习活动的长期性和有效性。以下从四个方面详细探讨如何建立终身学习的支持体系与激励机制。

### （一）构建多层次的学习资源网络

终身学习要求学习者能够跨越时间、空间限制，随时随地获取所需的学习资源。因此，建立多层次的学习资源网络是首要任务。这包括整合线上与线下资源，如数字化图书馆、在线课程平台、实体学习中心、社区学习角等，形成互补优势；同时，注重资源的多样性和针对性，满足不同学习者的个性化需求。此外，还应加强国际的学习资源交流与合作，引入国外优质教育资源，拓宽学习者的国际视野。通过构建这样的资源网络，为学习者提供丰富、便捷的学习途径。

### （二）建立专业的学习指导与咨询服务

在终身学习的道路上，学习者可能会遇到各种困惑和挑战。因此，提供专业的学习指导与咨询服务显得尤为重要。这包括设立学习顾问团队，为学

习者提供个性化的学习规划、资源推荐、方法指导等服务；同时，建立学习咨询热线、在线答疑平台等渠道，及时解答学习者的疑问，解决其在学习过程中遇到的问题。此外，还可以组织定期的学习研讨会、工作坊等活动，邀请专家学者分享学习心得、传授学习技巧，激发学习者的学习热情。通过专业的学习指导与咨询服务，帮助学习者克服学习障碍，提高学习效率。

### （三）实施多元化的学习激励机制

为了激发学习者的学习动力，需要实施多元化的学习激励机制。这包括设立学习奖学金、优秀学员表彰等荣誉性激励措施，对在学习上取得显著成绩的学习者给予物质和精神上的奖励；同时，建立学习积分制度、学习成果认证体系等机制，将学习者的学习成果与职业发展、社会认可等方面挂钩，增强其学习的获得感和成就感。此外，还可以通过组织学习竞赛、挑战赛等活动，激发学习者的竞争意识和团队协作精神，推动其积极参与学习活动。多元化的学习激励机制能够有效地激发学习者的学习动力，促进其持续学习。

### （四）营造终身学习的社会氛围与文化

终身学习的实现离不开良好的社会氛围与文化的支持。因此，需要广泛宣传终身学习的理念，提高全社会对终身学习的认识和重视程度。这包括通过媒体、网络等渠道传播终身学习的成功案例和先进经验；此外，还可以开展各种形式的终身学习宣传活动，如终身学习周、学习文化节等，吸引更多的人参与到终身学习的行列中来。通过营造终身学习的社会氛围与文化，让学习成为一种生活方式和价值追求，从而推动全社会形成崇尚学习、热爱学习的良好风尚。

# 第四章　信息技术与高校英语课程整合的教学模式

## 第一节　信息技术与课程整合的理论与方法

信息技术与课程整合尽管在我国已开展多年，但个别教师中仍对此缺乏正确的认识。有些教师把信息技术与课程整合看作是现代化教学的一种工具、手段或是更有效地学习信息技术的一种方式。还有的教师则是把信息技术与课程整合和计算机辅助教学完全等同起来，认为只要在课堂上运用了多媒体或是课件就是在进行信息技术与课程的整合。这种看法反映出教师对信息技术与课程整合的内涵和实质缺乏了解，同时也表明他们对于实施信息技术与课程整合的途径与方法没有了解和掌握。

何克抗教授指出，任何一种关于信息技术与课程整合的理论都必须回答以下三个问题：

（1）信息技术与课程整合的目标（意义）是什么?

（2）信息技术与课程整合的内涵（实质）是什么?

（3）信息技术与课程整合的方法（途径）是什么?

只有对上述三个方面的问题做出科学的回答，并且能够通过教学实践的检验，才能达到深层次整合的要求。下面我们将从这三个方面，对信息技术与学科课程深层次整合的理论与方法进行探讨。

# 一、信息技术与课程整合的目标与内涵

## （一）信息技术教育应用的发展

自 20 世纪 50 年代末研究出第一个计算机辅助教学系统以来，信息技术教育应用在西方国家大体经历了三个发展阶段。

从 60 年代初至 80 年代中期，主要是利用计算机的快速运算、图形动画和仿真等功能，辅助教师解决教学中的某些重点、难点，这一阶段被称为“计算机辅助教学阶段”（CAI）。这些 CAI 课件以演示为主，这是信息技术教育应用的第一个发展阶段。在这一阶段，一般只提计算机教育，还没有提出信息技术教育的概念。

从 80 年代中期至 90 年代中期为“计算机辅助学习阶段”（CAL）。此阶段逐步从辅助教为主转向辅助学为主，强调如何利用计算机作为辅助学生学习的工具，例如用计算机帮助收集资料、辅导答疑、自我测试以及帮助安排学习计划等。这个阶段不仅用计算机辅助教师的教学，更强调用计算机辅助学生自主地学习，是信息技术教育应用的第二个发展阶段。在这一阶段，计算机教育和信息技术教育两种概念同时并存。应当指出的是，我国由于信息技术教育应用起步较晚，目前绝大多数高校的信息技术教育应用模式仍然主要是 CAI 阶段，即计算机辅助教学阶段。

信息技术与各学科课程的整合是从 90 年代中期开始的，被称为“信息技术与课程整合阶段”（IITC）。至此，信息技术教育应用进入第三个发展阶段。这一阶段以信息技术应用于教学为显著特征，使教学模式发生了重大变化。在这一阶段，原来的计算机教育（或计算机文化）概念已完全被信息技术教育所取代。信息技术与课程的整合，是当前国际教育界非常关注的一个研究课题。

## （二）信息技术与课程整合的目标

信息技术与课程整合，不是把信息技术仅仅作为辅助教或辅助学的工具，而是强调要利用信息技术来营造一种新型的教学环境，该环境应能支持情景创设、启发思考、信息获取、资源共享、多重交互、自主探究、协作学习等多方面要求的教学方式与学习方式，也就是实现一种既能发挥教师主导作用又能充分体现学生主体地位的、以“自主、探究、合作”为特征的教与学方式，这样就可以把学生的主动性、积极性、创造性较充分地发挥出来，使传统的以教师为中心的课堂教学模式发生根本性变革。教学模式变革的主要标志是师生关系与师生地位的改变，从而使学生的创新精神与实践能力的培养真正落到实处，这正是我们的素质教育目标所要求的。

信息技术与课程整合是培养创新人才的重要途径乃至根本措施，信息技术与课程整合所要达到的目标，就是要实现创新人才的培养。这既是我们国家素质教育的主要目标，也是当今世界各国进行新一轮教育改革的主要目标。

## （三）信息技术与课程整合的内涵

通过以上对“信息技术与课程整合目标”的分析中可以看到，我们对整合目标的确定，是首先从分析信息技术与课程整合的性质、功能入手，在把握信息技术与课程整合本质特征的基础上推导出其目标。因此只要稍加精练与加工，我们就完全有可能从上述关于整合目标的分析过程中，引申出关于信息技术与课程整合的定义或内涵。这一定义或内涵可以表述为：所谓信息技术与学科课程的整合，就是通过将信息技术有效地融合于各学科的教学过程来营造一种新型教学环境，实现一种既能发挥教师主导作用又能充分体现学生主体地位的以“自主、探究、合作”为特征的教与学方式，从而把学生的主动性、积极性、创造性较充分地发挥出来，使传统的以教师为中心的课堂教学模式发生根本性变革，从而使学生的创新精神与实践能力的培养真正落到实处。

由这一定义可见，它包含三个基本属性：创设新型教学环境、实施新的教与学方式、改革传统的教学模式。新型教学环境的建构是为了支持新的教与学方式，新的教与学的方式是为了改革传统的教学模式，改革传统的教学模式则是为了最终达到创新精神与实践能力培养的目标，如创新人才培养的目标。可见，“整合”的实质与落脚点是改革传统的教学模式，即改变“以教师为中心”的教学模式，创建新型的、既能发挥教师主导作用又能充分体现学生主体地位的“主导—主体相结合”教学模式。

“环境”这一概念含义很广，教学过程主体以外的一切人力因素与非人力因素都属于教学环境的范畴。所以，上述定义就信息技术在教育领域的应用而言，和把计算机为核心的信息技术仅仅看成工具、手段的 CAI 或 CAL 相比，显然要广泛得多、深刻得多，其实际意义也要重大得多。CAI 主要是对教学方法与教学手段的改变，但没有出现新的学习方式，更没有改变教学模式，所以它和信息技术与课程整合二者之间绝不能画等号。但是，在课程整合过程中也会将 CAI 课件用于促进学生的自主学习，所以“整合”并不排斥 CAI，其目的是运用 CAI 课件作为提供学生自主学习的认知工具与协作交流工具，这种情况下 CAI 只是信息技术应用于整个教育过程的一个环节、一个局部。而传统的以教师为中心的计算机辅助教学是把 CAl 课件作为辅助教师突破教学中的重点与难点的直观教具、演示教具，这种情况下 CAI 就是信息技术应用于教育的全部内容。可见，这两种教学情景下 CAI 课件的运用，其应用方式和内涵实质都是不一样的。

目前从全球教育的发展趋势看，信息技术教育应用逐渐进入第三个发展阶段即信息技术与课程整合的阶段。进入这个阶段后，信息技术就不再仅仅是辅助教或辅助学的工具，而是要通过建立新型教学环境和教与学方式，从根本上改变传统的以教师为中心的教学模式，以培养学生的创新精神与实践能力为教学目标，即大批培养创新人才的目标。

## 二、信息技术与课程整合的途径与方法

目前国际上普遍认为只有通过信息技术与课程的有效整合才有可能解决上述问题。信息技术与课程整合的理论必须能够对信息技术与课程整合的目标、内涵、方法等三方面的问题做出科学的回答，以整合途径与方法，这是信息技术与课程整合理论中最关键的问题。有关专家指出，信息技术与课程的有效整合意味着数字化的学习，而数字化的关键是将数字化内容整合的范围日益增加，直至整合整个课程，并应用于课堂教学。当具有明确教育目标且训练有素的教师把具有动态性质的数字内容运用于教学的时候，它将提高学生探索与研究的水平，从而有可能达到数字化学习的目标。为了创造生动的数字化学习环境，学校必须将数字化内容与各学科课程相整合。

美国教育技术 CEO 论坛的第三年度报告提出进行有效整合的步骤方法如下：

（1）确定教育目标，并将数字化内容与该目标联系起来；

（2）确定课程整合应当达到的、可以被测量与评价的结果和标准；

（3）依据上面第二条所确定的标准进行测量与评价。

然后按照评价结果对整合的方式做出相应的调整，以便有效地实现教学目标。但是应该指出，这样的步骤方法既不涉及“整合”的指导思想，又不涉及“整合”的教学设计、教学资源与教学模式，对教师而言在实际的操作中会有困难。

从事信息技术教育的学者普遍认为，信息技术应用于教学主要是在课前与课后，包括资料查找以及在学生与学生之间、学生与教师之间进行交流与合作，而课堂教学过程的几十分钟，一般难以发挥信息技术的作用，还是要靠教师去言传身教。从美国目前实施的信息技术与课程整合的基本模式上看，实施信息技术与课程整合的常用模式有以下几种：基于问题的学习、基

于项目的学习和基于资源的学习等。信息技术应用于课前时，是指教师利用这种方式在课前将讲授内容、相关资料、重点难点以及预习要求，事先通过网络发布，使学生在上课前能做好充分准备，若有疑问还可随时和教师进行沟通与交流。基于问题的学习、基于项目的学习、基于资源的学习则属于另一类模式，它们同属于基于网络的专题“研究性学习”模式。由于这类模式是围绕自然界或社会生活中的真实问题而展开，往往是多个学科的交叉，多种知识的综合运用，要进行大量的实际调查、访谈或测量，需要花费较多时间，只能利用课外时间来完成，所以不适合作为课堂上的常规教学模式。

我们对整合内涵与本质的认识源于西方的观点，即从创造新型教学环境的角度来理解整合。在各门学科的信息技术与课程整合过程中，我们应该结合中国的国情，遵循一定的指导思想与实施原则，找到实现信息技术与课程深层次整合的基本途径与方法。

1. 以先进的教育理念为指导

为了实现上述目标，必须要运用先进的教育理论，特别是以建构主义理论为指导。信息技术与课程整合的过程绝不仅是现代信息技术手段的运用过程，也是教育深化改革的过程。没有理论指导的实践是盲目的实践，改革必将失去正确的方向。建构主义理论并非能解决教学中的任何疑难问题，但建构主义所强调的“以学为主”、学生主要通过自主建构获取知识意义的教育思想和教学观念，对于多年来统治我国各级各类学校的以教师为中心的传统教学结构是极大的冲击。除此以外，还因为建构主义的学习理论与教学理论以及建构主义学习环境下的教学设计方法，可以为信息技术环境下的教学，也就是信息技术与各学科课程的整合提供最强有力的理论支撑。

2. 以建立新型的教学模式为中心

上文在分析信息技术与课程整合定义与内涵的过程中曾经指出，“整合”的实质与基础是变革传统的教学模式，即改变以教师为中心的教学结构，创建新型的既能发挥教师主导作用、又能充分体现学生主体地位的“主导—主体相结合”教学模式。这就要求教师在进行课程整合的过程中，密切关注教学系统四个要素（教师、学生、教学内容、教学媒体）的地位与作用。通过课程整合，使这四个要素的地位与作用发生相应的改变，并深入思考以下问题：改变的程度有多大；哪些要素改变；哪些要素没有改变；没有改变的原因在哪里？这些问题，正是衡量整合效果与整合层次深浅的主要依据。

3. 坚持“学教并重”的教学设计理论

目前流行的教学设计理论主要有“以教为主”的教学设计和“以学为主”的教学设计两大类，后者也称为建构主义学习环境下的教学设计。由于这两种教学设计理论均有其各自的优势与不足，所以最好是将两者结合起来，形成优势互补的“学教并重”的教学设计理论。这种理论既重视发挥教师的主导作用，又充分体现学生的主体地位。在运用这种理论进行教学设计时，以计算机为核心的信息技术，包括多媒体和计算机网络技术在内，不单单是辅助教师教课的形象化教学工具，更重要的是作为促进学生自主学习的认知工具与协作交流工具。建构主义学习环境下的教学设计理论，能在这方面发挥重要的指导作用。

4. 重视教学资源的建设

丰富而高质量的教学资源，是实现课程整合的必要前提，是学生的自主学习、自主发现和自主探索的必不可少的条件，也是改变教师主宰课堂、学生被动接受知识这种状态的要求。缺少了这个条件，新型教学模式的创建也便无从说起，创新人才的培养也无法实现。教学资源的建设，要求广大教师努力搜集、整理和充分利用互联网上的已有资源（如免费教学软件等），只有在确实找不到理想的与学习主题相关的资源情况下，才有必要由教师自己去进行开发。

5. 注意结合学科的特点

新型教学模式的创建要通过全新的教学结构来实现。教学结构属于教学方法、教学策略的范畴，但又不完全等同于教学方法或教学策略。教学方法或教学策略一般是指教学上采用的单一的方法或策略，而教学结构则是指两种或两种以上教学方法或教学策略的稳定组合。在教学过程中，为了实现某种预期的效果或目标，创建新型的教学模式，往往要综合运用多种不同的方法与策略。当这些教学方法与策略的联合运用总能达到预期的效果或目标时，就成为一种有效的教学结构。能实现新型教学模式的教学结构很多，而且因学科和教学单元的内容不同各异，在实际教学中教师应结合各自学科的特点，并通过信息技术与课程的深层次整合去创建新型的、既能发挥教师主导作用又能充分体现学生主体地位的“主导—主体相结合”教学模式。由此产生的教学模式的类型是多种多样的、分层次的。常见的实现信息技术与课程深层次整合的教学模式包括“探究式教学模式”、专题“研究式教学模式”“仿真实验教学模式”等。“探究式教学模式”适用于各个学科每一个知识点的常规教学，这种模式可以深入地达到各学科认知目标与情感目标的要求，且文理科皆适用。专题“研究式教学模式”适用于培养学生解决实际问题的能力，包括发现问题、提出问题、分析问题、解决问题的能力。“仿真实验教学模式”则适用于物理、化学、生物等课程的实验教学。这几种教学模式都有各自不同的实施步骤与方法，如果能将上述几种教学模式灵活运用，将有力地促进信息技术与课程设计的深层次整合。

# 第二节　信息技术与高校英语课程的课内整合模式

为了实践信息技术与高校英语课程的整合，必须变革传统的以教师为中心的教学模式。由于学科教学过程涉及三个教学阶段：一是与课堂教学环节直接相关的“课内阶段”，另外两个是课堂教学环节之外的“课前阶段”和“课后阶段”。因此，从最高层次考虑，信息技术与课程整合的教学模式：“课内整合模式”和“课外整合模式”。“课内整合教学模式”的课堂教学模式分类比较复杂。从选用教学策略的不同，“课内整合教学模式”原则上可以分为自主探究、协作学习、演示、讲授、讨论、辩论、角色扮演等多种类型。其中，探究式教学模式是指在教学过程中要求学生在教师指导下，通过以“自主、探究、合作”为特征的学习方式对当前教学内容中的主要知识点进行自主学习、深入探究，并进行小组合作交流，从而较好地达到课程标准中关于认知目标与情感目标要求的一种教学模式。探究式教学模式的基本特征也可用一句话来概括：它既重视发挥教师在教学过程中的主导作用，又充分体现学生在学习过程中的主体地位。

在本节我们将对目前影响较大的信息技术的“课内整合教学模式”—探究式教学模式进行介绍和分析。讲述它们的产生背景、内涵与特征、实施步骤等问题，并结合这种整合模式在高校英语教学中的实施案例，探讨信息技术在高校英语教学中的“课内课外”整合模式的目标、内涵和实现的途径。本节的主要目的是帮助广大高校英语教师更深入地理解，如何在建构主义理念下将探究式教学模式运用在大学高年级阶段双语课程的教学实践。

建构主义教学观有别于传统的教学观。传统观点认为，教育的目的是把前人所获得的知识传授给学生，师者只要传道授业便完成了使命，学生是知识的被动接受者。而建构主义观点则认为，学习过程是以自身已有的知识和经验为基础的建构活动，教师应该以此为终极教学目的，辅助学习者完成知识建构。因此，基于建构主义教学观所设计的主体学习活动是动态的。设计中充分考虑到主体已有的知识积累和学习经历与经验，主体业已形成的人生观和世界观也会对知识建构产生影响，在教学活动设计的过程中也应该最大限度地考虑到学生在这方面所呈现的个体差异，在探究知识的过程中培养学生的批判性思维。对学生知识的评价体系应该建立在问题解决过程中，以学生对事物的理解和解决问题的能力作为衡量的标准。将传统教学模式转化为开放式，教学活动的每个环节都有学生主体的参与，学习质量好坏不仅是学习者知识积累多寡，更多的是学习者外化知识的能力的提升。在教学过程中，教与学不再只是简单的知识的传输和接收过程，而是包含了师生的互动、学生与学生之间的互动，以及学生主动寻索知识、不断构建新知识体系的过程。

建构主义学习观认为，学习不是信息简单地从外到内的单向输入，而是通过新信息与学习者原有的知识经验双向的相互作用而实现的。因此，基于建构主义学习观的教学活动设计还应包括学习者与学习环境之间互动。学习应该通过学习者的高水平的思维活动来实现，而不是简单沿着记忆的流程进行。学习者需要建构关于事物及其过程的表征，但这种知识建构不是原封不动的知识搬运，而是应用已有的认知结构对新信息进行加工而完成的。在这个知识学习、整合、内化过程中，每个学习者都在以自己原有的经验系统为基础，对新的信息进行认识和编码，建构新的认知体系。在这一过程中，原有知识由于新经验的介入而发生调整和改变。因此，建构主义所倡导的学习，不再是教师向学生简单传递知识，而是学生主体建构自己的知识的过程。学生不再是被动的信息接受者；相反，学生要在主动改造和重组原有经验的基础上建构新信息的意义，这种建构不可能由他人代替。学生学习的主要任务，不再是对各种事实性信息的记忆、复述和简单应用，而是在教师指导下主动地、有意义地对外部信息进行选择和加工，收集并分析有关的信息和资料，进而对所学习的问题提出各种假设进行验证、评价甚至批判。

## 一、探究式教学模式产生的背景

基于建构主义理论的探究式教学过程以学生为主体、以学生发展为本、以教师为主导，无论对教师，还是对学生，都提出了更高的要求。这就要求学生必须保证课后的时间及精力投入。建构主义教学理念强调情景学习，其目的之一就是让学生融入学习的情景中，主动观察模仿情景中所隐含的知识与技能，进而能培养独立思索的能力，以解决实际面临的各种问题。在建构主义理念下，作为探究问题学习者要有一个由“边缘”到“核心”的转变，这个过程就是学生自主能力提升的过程，这也符合情景学习理论的边缘参与规则。探究式教学要求学生勤于思考、发表独创见解、有创新精神，这都要求学生课后不断反思，迫使学生形成反思能力，形成科学的学习方法。

多数学者认为，学习方式是指学生在完成学习任务过程中的基本行为和认知取向。可以说，学习方式是当代学习理论中的一个重要概念。它不是指具体的学习方法和学习策略，而是指学习者在学习过程中发挥自主性、探究性与合作性方面的基本特征。传统的学习方式把学习建立在人的客体性、受动性和依赖性的基础之上，而忽视了学习者的主动性、能动性和独立性。转变学生的学习方式就是要转变这种他主的、被动的和依赖的学习方式，倡导自主的、探究的与合作的学习方式，使学生的主体意识，能动性和创造性不断得到发展，并真正成为学习的主人。

2007 年教育部高教司颁布的《大学英语课程教学要求》指出，各高校应充分利用现代信息技术，改进以教师讲授为主的单一教学模式，使英语的教与学可以在一定程度上不受时间和地点的限制，朝着个性化和自主学习的方向发展。新的教学模式应体现英语教学实用性、知识性和趣味性相结合的原则，有利于调动教师和学生两个方面的积极性，尤其要体现学生在教学过程中的主体地位和教师在教学过程中的主导作用。教学模式改革的目的之一是促进学生个性化学习方法的形成和学生自主学习能力的发展。新教学模式应能使学生选择适合自己需要的材料和方法进行学习，获得学习策略的指导，逐步提高其自主学习的能力。为此，明确倡导要在高校英语教学中推进以“自主、探究、合作”为特征的学习方式，从而改变传统的以教师为中心的教学模式。2010 年，《国家中长期教育改革和发展规划纲要（2010—2020 年）》（以下简称《纲要》）颁布实施，指出要深化教育体制改革，改革人才培养体制，提高人才培养水平，创新人才培养模式。在此基础上，《纲要》进一步明确创新人才培养模式。在遵循教育规律和人才成长规律的前提下，深化教育教学改革，创新教育教学方法，探索多种培养方式，形成各类人才辈出、拔尖创新人才不断涌现的局面。为此要倡导启发式、探究式、讨论式、参与式教学，帮助学生学会学习，注重学思结合。在教学过程中要激发学生的好奇心，培养学生的兴趣爱好，营造独立思考、自由探索的良好环境。同时，教学中还要充分发挥现代信息技术作用，促进优质教学资源共享，引导学生深入研究，确定不同教育阶段学生必须掌握的核心内容，形成更新教学内容的机制。在上述背景下，探究式教学模式为我国教育界日益熟悉和接受，越来越多的高校教师开始将这一教学模式运用到不同学科专业课程教学的教学实践中。

探究式教学模式对传统的以教师为中心、单纯以讲授为主、学生被动接受的教学模式提出了挑战。教学模式的改变不仅是教学方法和教学手段的变化，而且是教学理念的转变，是实现从以教师为中心、单纯传授语言知识和技能的教学思想和实践，向以学生为中心，既传授语言知识与技能，更注重培养语言实际应用能力和自主学习能力的教学思想和实践的转变，也是向以培养学生终身学习能力为导向的终身教育的转变。探究式教学模式的学习对象（即学习主题）是课文中的某一个或几个知识点，这与课外整合模式中的“研究性学习”教学模式有本质上的不同，因为“研究性学习”教学模式的学习主题总是围绕自然界或社会生活中的某个真实问题而进行。由于任何课程的教材都是由一篇篇的课文组成的，而每篇课文又总是包含一个或几个知识点，这就表明，信息技术与课程整合的几乎所有日常教学活动（包括各种不同学科的常规课堂教学活动）都可以采用这种模式。事实上，探究式教学模式，目前已经成为能满足各学科常规课堂教学需要的、最有效也是最常用的课内整合模式之一。

## 二、探究式教学模式的内涵与特征

探究式教学模式是指在教学过程中，要求学生在教师指导下，通过以“自主、探究、合作”为特征的学习方式，对当前教学内容中的主要知识点进行自主学习、深入探究并进行小组合作交流，从而较好地达到课程标准中关于认知目标与情感目标要求的一种教学模式。认知目标涉及与学科相关的知识、概念、原理与能力的理解和掌握；情感目标则涉及感情、态度、价值观与思想品德的培养。在实施信息技术与课程深层次整合的过程中，各学科知识与能力（如阅读、写作、计算、看图、识图、实验以及上机操作等能力）的培养，以及健康情感、正确价值观与优秀思想品德的形成，都可通过探究式教学模式使之逐步落实。探究式教学模式的基本特征也可用一句话来概括：既重视发挥教师在教学过程中的主导作用，又充分体现学生在学习过程中的主体地位。这一教学模式的特点和优势具体表现在以下两个方面：

1. 教师的主导作用

尽管探究式教学模式主要采用“自主、探究、合作”的学习方式，在教学过程中强调学生的自主学习和自主探究，但是它并不忽视教师在教学过程中的主导作用。相反，它通过下面四个环节使教师的主导作用在整个教学过程中得到全面的发挥，教师在探究式教学活动中的主导作用应该体现在如下几个角色上：

（1）学习动机的激发者

探究式学习的对象要由教师确定。探究式模式的教学总是围绕课程中的某个知识点（即探究式学习的对象）而展开，到底是哪个知识点，不是随意确定的，更不能由学生自由选择，而是要由教师根据教学目标的要求和教学的进度来确定。同时，教师应适度激励学生以极高的热情和主动性参与活动，如考虑学生学业素质、兴趣、需要，适时适度给予学生必要的个性化指导，营造相互信任、支持和帮助的学习气氛，并鼓励学生全身心投入到探究学习活动中。

（2）学生自主学习和协作学习的组织者

给学生提出若干富有启发性、能引起学生深入思考并与当前学习对象密切相关的问题。在学习的对象确定之后，为了使探究性学习切实取得成效，还需在探究之前选择或设计教学的探究策略，如根据具体情况采用“支架式”策略、“抛锚式”策略、“随机进入式”策略等启发和引导学习者进行探索、发现规律，帮助学生在自主学习中完成知识建构。同时，设计多种交互形式，如竞争、辩论、伙伴合作、问题解决、角色扮演等方式，组织学生开展协作学习。

（3）学习环境和资源的设计者

进行探究过程中要由教师为学生提供多方面的帮助与指导，以便学生可以带着问题进行探究。这一过程固然是由学生个人或学习小组去实施完成，但是教师的作用也是必不可少的：教师应该为学生的探究活动设立积极学习情景（如吸引、情景、学业三种内容的设计）、新旧知识的联系线索、帮助构建新知识、精选设计组织和传递学习资源，教师甚至需要提供有关的探究工具，指导和引领学生正确高效地使用相关的教学资源（如图书馆中的专业数据库），以及对探究式学习中的方法、策略做必要的指导。如果这方面的学习支持与指导不落实、不到位，将会挫伤学生们的学习信心与学习积极性，使探究性学习的效果大打折扣，甚至完全落空。

（4）探究过程的评价者

探究过程完成后要由教师对学生的探究过程进行评价和反馈，帮助学生进一步总结与提高。按照探究性学习的流程，探究过程结束后一般要先由学生个人或学习小组做总结，教师一般不是直接给出总结。学生通过一次探究性学习虽然能取得不小的收获，但他们毕竟是初学者，总结起来难免有片面甚至错误之处。通过全班的讨论交流，集思广益，取长补短，在一定程度上可以克服这些片面甚至错误之处。但是如果希望全班学生都能对当前的学习对象由此达到比较深入的理解与掌握，即对所学的知识点都能从感性认识上升至理性认识，做到不仅知其然，而且知其所以然，还需要教师的帮助与提高。教师毕竟对整门课程的内容和知识有比较全面透彻、深入细致的把握。

2. 学生的主体地位

根据建构主义理论，在探究式教学活动中必须确保学生的主体地位。换言之，学习是否有成效取决于学生在学习过程中的主体地位是否获得了保障。探究式教学模式因为采用“自主、探究、合作”的学习方式，所以在教学过程中特别强调学生的自主学习和自主探究，以及在此基础上实施的小组合作学习活动。一节课的教学目标主要靠学生个人的自主探究加上学习小组的合作学习活动来完成。由于在此过程中学生们的主动性、积极性、创造性都能普遍地得到比较充分的发挥，因而这种教学模式不仅可以较深入地达到对知识技能的理解与掌握，更有利于创新思维与创新能力的形成与发展，即有利于创新人才的培养。一般来说，学生的主体地位是通过这些角色得到体现的：第一，自主学习者；第二，探究发现者；第三，团体合作者；第四，积极参与者；第五，自我评价者；第六，观点分享者；第七，知识的生产者和思想的贡献者。

以教师为主导、学生为主体的课堂是能够焕发生命活力的课堂，使学生在这样的课堂中积极参与，表现主动专注，学习的目标性强。综上所述，“主导—主体相结合”的教学关系，是探究式教学模式最本质的特征。这种教学模式的成功实施涉及两个方面——既要充分体现学生在学习过程中的主体地位，又要重视发挥教师在教学过程中的主导作用。离开其中的任何一方，探究性学习都只能是虎头蛇尾、无功而返、无果而终。

## 三、探究式教学模式的实施步骤

探究式教学模式通常包含下面五个实施步骤：

1. 创设情景

创设情景不仅是教师导入教学主题的需要，也是激发学生的学习动机和自主探究动机的需要。教师创设情景的方法多种多样，可以设置一个待探究的问题，此问题的解决需运用当前所学的知识。也可以播放一段与当前学习主题密切相关的视频录像、举一个典型的案例、演示专门制作的课件、设计一场活泼有趣的角色扮演。当然，所有这些活动都应有一个先决条件，即必须与当前的学习主题密切相关，否则达不到创设情景的目的。教师通过上述各种方法创设能激发学生学习动机和探究动机的情景，学生一旦进入教师创设的情景，就可在情景的感染与作用下形成学习的心理准备，并产生探究的兴趣。

2. 启发思考

在学生被创设的情景激发起学习兴趣并形成学习的心理准备之后，教师应及时提出富有启发性而且能涵盖当前教学知识点的若干问题，但切忌提出一些有明显答案或明知故问的问题。让学生带着这些问题去学习和掌握有关的知识和技能时，这一过程也就是主动高效地完成当前学习任务的过程。在问题思考阶段，教师对于学生应当如何解决问题、利用何种认知工具或学习资源来解决问题，以及如何处理在探究过程中遇到的新问题等，都应给出具体的建议和指导。学生则要认真分析教师所提出的问题，明确自己所需完成的学习任务，并通过全面思考形成初步的探究方案。

3. 自主学习与自主探究

在实施这一步骤的过程中，学生利用教师提供的认知工具和学习资源，或是利用在教师指导下从网上或其他途径获取的工具和资源，围绕教师提出的与某个知识点有关的问题进行自主探究。这类自主学习与自主探究活动包括：学生利用相关的认知工具去收集与当前所学知识点有关的各种信息；学生主动地对所获得的信息进行分析、加工与评价；学生在分析、加工与评价的基础上形成对之前所学知识的认识与理解，即由学生完成对当前所学知识意义的自主建构。在学生进行自主学习与自主探究的过程中，教师应密切关注学生的学习与探究过程，并要适时地为学生提供如何有效地获取和利用认知工具、学习资源及有关学习方法策略等方面的指导。

4. 协作交流

为了进一步深化学生对当前所学知识意义的建构，应在自主探究的基础上，组织学生以讨论的形式开展小组或班级内的协作与交流。通过共享学习资源与学习成果，在协作与交流过程中进一步深化学生对当前所学知识的认识与理解。教师在此过程中应为学生提供协作交流的工具，同时要对如何开展集体讨论、如何面对小组成员的分歧等协作学习策略做适时的指导，而且教师在必要时也应参与学生的讨论和交流，不能只做场外指导。协作交流的过程不仅是学生深入完成知识与情感内化的过程，也是学生了解和掌握多种学习方法的过程。

5. 总结提高

总结提高是实施探究式教学模式的最后一个步骤，其目的是通过师生的共同总结，来补充和完善全班学生经过自主探究和协作交流之后，对当前所学知识的认识与理解方面仍然存在的不足，以便更全面、更深刻地达到与当前所学知识点有关的教学目标的要求。在实施这一步骤的过程中，学生的活动包括讨论、反思、自我评价、相互评价；教师的活动包括点评学生的学习情况、提出与迁移拓展有关的问题并创设相关情景、对当前所学知识内容进行概括总结，以帮助学生了解当前所学知识点与其他相关知识点之间的内在联系。提出与迁移拓展有关的问题，可以要求学生应用所学知识去解决某个问题，也可以要求学生应用所学知识去完成某件作品。

## 第三节　信息技术与高校英语课程的课外整合模式

学科教学过程涉及三个教学阶段：一是与课堂教学环节直接相关的“课内阶段”，另外两个是课堂教学环节之外的“课前阶段”和“课后阶段”。因此，信息技术与课程整合的教学模式可以概括为“课内整合模式”和“课外整合模式”两种。本章的第二节中对信息技术的课内整合教学模式——探究式教学模式进行了介绍和分析，本节将对信息技术的课外整合教学模式——研究式教学模式做重点介绍。

### 一、建构主义理念下“研究式学习”教学模式的内涵与特征

建构主义提倡在教师指导下的、以学习者为中心的自主学习。此种学习既强调学习者的认知主体作用，又不忽视教师的指导作用。教师是意义建构的帮助者和促进者，而不是知识的传授者与灌输者；学生不再是外部刺激的被动接受者或被灌输的对象，而是对信息实施加工处理的主体，是意义建构者。建构主义提倡在教与学的过程中用系统分析、共时方法和深层阐释去分析和解决问题，旨在用“全新科学模式”取代传统的教与学的方法，注重用辩证的方法进行教与学。

### （一）“研究式学习”的定义

研究式学习是学生在教师指导下，从自然、社会或生活中选择、确定专题进行研究。在研究过程中学生主动实施获取知识、应用知识、解决问题的学习活动。研究式学习是以问题为载体，以小组合作为形式，在活动过程中创设一种类似于科学研究的情景，让学生通过自己收集、分析和处理信息，感受和体验知识产生和形成的过程，培养学生发现问题、分析问题、解决问题的能力和创造力。作为一种学习模式，研究式学习不同于接受式学习，它具有自主性、交互性、实践性、开放性等特征。设置研究式学习的目的在于改变学生以单纯地接受教师传授知识为主的学习方式，为学生构建开放的学习环境，提供更多的获取知识的途径，鼓励学生将学到的知识进行整合、消化、吸收，最终应用于客观实践。在此过程中，教师还要注重培养学生的创新精神和实施能力。

### （二）“研究式学习”的特征

研究式学习是 20 世纪 80 年代末在我国教育界广泛推崇和实施的一种全新的学习策略和学习模式。研究式教学指的是在建构主义教学思想指导下进行的一种教学和学习方法，要求在教学过程中，教师用科学的方法指导学生以研究的方法进行学习，并在教师指导下，学生充分发挥潜能去掌握知识，运用知识解决实际问题。同时，研究式教学模式要求教师具有创新思维和科学施教的本领，引导学生主动去发现问题、分析问题、解决问题，培养学生创造性学习的能力。目前，研究式学习以其实用性而广受关注。但是，研究式学习作为一种全新的学习理念仍处于探索阶段，对其理论指导意义及实践性还有待做进一步的系统研究。归纳起来，研究式学习有以下特征：

1. 强调学习的自主性

研究式学习强调学生的自主学习，通过自主学习来激励自己。学生可以根据自己的兴趣、爱好、个性、特长自主选择研究课题，自主进行课题研究，自主完成研究成果，自主交流与分享。在整个学习过程中，学生始终享有高度的自主性，学生是课题的提出者、设计者和实施者，而教师仅作为合作者、参与者、指导者和促进者存在。

2. 强调学习的交互性

研究式学习具有互动性，这种互动性是由研究课题和研究方式交互作用生成的，不同的研究课题和研究方式会生成不同的研究内容。交互性体现为师生之间、学生之间的互动，教师和学生在互动中共同完成学习任务和学习内容的建构。

3. 强调学习的开放性

研究式学习把学生置于动态、开放、主动、多元的学习环境中，打破了封闭式的学习状态，鼓励学生走出课堂，步入社会。这种开放式的学习，体现为活动过程、目标内容、问题解决、学习环境的开放性、多元性和动态性，为学生提供了更多的获取知识的方式和渠道。

4. 注重学习的实践性

研究式学习以学生的直接经验为基础，以丰富学生的直接经验为归宿，让学生自己动手实践，在实践中学习，在学习中实践。在活动过程中，学生通过查阅资料、社会调查、亲手实验、走访、实地考察等多种途径，获得各种有价值的信息，收获直接经验和亲身体验。

5. 注重过程及学生的体验

研究式学习注重研究的过程，而不是研究的结果；注重学生的意识、精神、创造性的培养，而不注重现成的结论。以活动的过程作为个体存在与发展的基本形式，强调学习活动化、活动过程化、过程体验化。学生个体的发展不是被动式的接受，而是主动摄取，积极自主地完成建构过程。

6. 强调师生间的平等

研究式学习要求教师为学生创设轻松、融洽和愉悦的学习环境，使学生在学习过程中获得一个发现世界、探索世界的宽松环境，让他们主动思考，勇于问，敢于想，善于做。师生关系平等有助于双方感悟彼此的思维方式及看待问题的角度，增进了解，互相促进，共同提高，共同进步。

7. 促进创造性与潜在性的统一

研究式学习与传统学习的最大区别就是培养学生的创造性和创新意识。研究式学习是一个能动的创造性的学习活动，能够极大地激发教师和学生的创造热情，调动他们的积极性和主动性。研究式学习是具有主观能动性和创造性的学习，它能够帮助学生形成发散性思维，激发教师和学生的创造热情及学习的积极性和主动性。

## 二、“研究式学习”教学模式的实施步骤

建构主义认为，学习是获取知识的过程，是学习者在一定的情景即社会文化背景下，借助他人（包括教师和学习伙伴）的帮助，利用必要的学习资料，通过意义建构的方式获得的知识，而不是通过教师传授得到的知识。建构主义教学实质上是一个研究和再发现的过程。通过不断的研究和再发现达到学习的目的。要达到学习的目的，就要有科学的学习方法。

建构主义理论强调以学生为中心，要求学生的身份由外部刺激的被动接受者和知识的灌输对象转变为信息加工的主体、知识意义的主动建构者；而且要求教师的身份由知识的传授者和灌输者转变为学生主动建构意义的帮助者和促进者。这意味着教师应当在教学过程中采用全新的教学模式，摒弃传统的、以教师为中心的教学方法，采用全新的教学方法，运用全新的教学设计理念，创设适应建构主义理论需求的学习环境、教学模式、教学方法和教学设计。建构主义理念下的研究式学习教学模式通常包含以下五个实施步骤：

1. 提出问题

在此环节中，教师通过创设问题情景激发学生学习与研究的兴趣，并由此引出当前研究式学习的主题——自然界或社会生活中有待解决的某个真实问题。

2. 分析问题

在此环节中，教师应该首先向学生介绍分析问题的方法，例如：由表及里、由浅入深、由近及远、透过现象看本质、客观事例归纳、换位思考、用两点论而非一点论看问题等诸多方法。然后再根据问题的性质和研究的需要教给学生相关的研究方法，如问卷调查法、文献调研法、案例收集法等，并对研究式学习的策略给出具体建议与指导。由于研究式学习的对象是自然界或社会生活中的真实问题，一般都比较复杂，因此，在此环节中，学生在“同化”与“顺应”过程中，教师应随时给予学生引导和帮助。

3. 解决问题

这一步骤通常包括两个子环节：提出解决问题的初步方案和优化解决问题的方案。在这个环节中，研究式学习的研究主体，可以是学习者个人进行自由探索和自主学习，即“自我协商”，也可以是学习小组集体进行探索和研究，即“相互协商”。通常情况下，提出解决问题的初步方案这个子环节由学习者个人在深入分析问题的基础上自主完成；第二个环节——优化解决问题的方案通常是学习小组成员“会话”与“协作”的成果。

4. 实施解决问题方案

为了节约学习成本，避免浪费，在实施解决问题方案的过程中，注意做好形成性评价，及时收集反馈信息，经常进行反思。根据真实问题的实施情况，随时调整或修正解决问题的方案。

5. 总结提高

研究式学习的总结包括个人总结、小组总结和教师总结。小组总结应以个人总结为基础，教师总结应以个人和小组总结为基础。教师的总结需要帮助学习者把对客观事物的认识由感性上升到理性，丰富与完善他们对科学概念与原理的认识，培养学习者全面、系统、完整地认识和理解问题，使每位学习者都能做到知其然，更知其所以然。

研究式学习是对建构主义教学方法中抛锚法的发展与完善，是建构主义理论广泛应用的产物。开展研究式学习，需要建构主义理论的指导，反之，研究式学习实践又会进一步完善建构主义理论体系，并为建构主义理论广泛应用提供实践经验。

## 三、对“研究式学习”教学模式下英语教学的反思

研究式学习的教学过程，使教师和学生都获益匪浅。以内容为依托的研究式学习一改传统教学模式的教师主体地位，激发学生的“主体”意识，学生从始至终积极参与学习。由于研究式学习注重学习过程，学习中学生持续进行“联系”与“思考”活动，把“新”“旧”知识进行“同化”和“顺应”，结果是学生的创新思想和思辨能力得到强化，形成多视角、多元化、自主性的思考习惯。开展研究式学习需要学生之间相互分工与协作，通过课内外的协作性学习，学生的团队合作意识得到加强，人际沟通能力得到提升。这些能力的养成对于学生毕业之后尽快融入社会环境，建立良好人际关系，顺利开展工作是十分有益的。以下是针对研究式学习教学模式的实践所进行反思，拟从几个不同的方面分析和探讨这一教学模式实践的过程中需要注意的问题和环节。

1. 教学观念的转变和教师角色的定位

研究式学习教学模式与传统的以教师为中心的教学模式有很大不同，强调以学生为中心，提倡学生在教师指导下的自主学习。要改变学生的学习方式，首先要求教师的教育观念和教学行为必须加以转变，这是开展研究式学习的前提。为此，教师需要重新调整自己的角色，与学生建立平等的关系，为学生创设宽松、自由、民主、协作的学习环境，这是取得良好学习效果的保证。教师首先要把学生置于学习的主体地位，树立服务于学生的意识，创设能够引导学生主动参与的学习环境，激发学生的学习积极性。教师备课过

程中也应该时时想着学生，从学生的水平、视角出发设计问题，引导学生开展学习研究。研究式学习对教师备课质量、内容要求更高，教师备课的重点是“备学生”而不是“备书本”。

研究式学习作为一种全新的教学和学习方法，其理论指导和实践内容是全新的，教师和教学管理者都应该得到系统培训，让教师和教学管理者在教学理论、教学内容、教学方法及教学管理等方面得到全方位提升。从理论高度和客观情况出发，让教师和管理人员充分认识到了解、掌握、推广研究式学习的重要性和必要性。教育教师自觉主动地转变角色，从教学活动的主导者和包办者转换成教学活动的引导者和帮助者，从主角转向配角，从前台走向后台，为学习者服务，给学习者搭建自由发挥、自我控制、自我协调、自主学习的平台。

2. 学生的中心地位和自主学习

为了确保研究式学习的顺利进行，教学中做到以学生为中心，并不断提高学生自主学习的能力，教师必须对学生有全面细致的了解，这样才能在学习过程中从各个层面为学生提供细致入微的引导和帮助，对学生的研究式学习给予充分的支持。

以旅游英语课程为例，这门面向旅游英语专业三年级学生开设的专业英语课程采用全英语授课形式，以内容为依托，以英语为教学工具，以原版教材为核心教学内容。由于这门课程要求学生既要掌握旅游专业知识，又要提升他们的英语水平，因此学生面临着专业内容学习和外语学习的双重困难。课程讲授的初始阶段，学生中存在的畏难情绪较为突出。为了帮助学生应对课程初始阶段的困难与压力，根据每一个章节的内容特点，设计出导读内容，对于较为抽象、专业性强或容易产生歧义的概念先进行详细的介绍与分析，帮助学生解决他们自己无法独立解决的学习困难。然后再布置需要研究的问题，开展小组学习，组织讨论。同时，还要向学生推荐与研究问题相关的经典著作和重要文献，供学生研究学习，对课堂专业内容的巩固与延伸。

在学习的过程中，很多学生对于自己的外语能力信心不足，害怕学习内容难度过大，担心学习材料中会遇到大量外语生词、句法结构复杂难懂等。了解到这一情况后，利用第一、二两周的授课时间，首先对本门课程进行宏观介绍，把一些国际政治专业领域常用的、学生感到陌生的英语专业词汇、短语集中讲解，把国际政治理论常见的概念用英文加以介绍和分析，厘清彼此之间的关系。之后，选择一至两篇较有代表性的英文专业文章提前发给学生进行课下自主研读，留待下一次上课时围绕该文章的内容展开讨论。讨论的内容主要涉及“是什么”和“为什么”的问题。通过事先用英语对专业内容和相关概念进行了讲解和分析，使学生从专业知识和英语语言知识方面做好了准备，学生对于这门课程的畏难情绪明显减少，为接下来的课程学习铺平了道路。

上述学习和讨论也为了解学生的英语语言水平提供了很好的平台。根据学生运用英语交际的能力和语言水平，把全班学生按照英语语言水平进行分组，确保每个小组的语言水平基本相近，各组内学生的语言水平高低达到基本平衡，这样做的好处是有利于后续自主性的研究学习顺利开展。可以说，研究式学习方式能否取得成功在很大程度上取决于教师对学生的了解程度。

以学生为中心，还体现在每一个学生在学习过程中受到关注与帮助。在教学实践中发现，研究式学习方式适合于小班授课。如果班级过大，学生数量过多，就难以保证每个学生都有平等机会参与到同一个教学内容的全部探究过程，容易在学生中形成“中心”和“边缘”地带。这是因为学生的语言和知识水平存在差异，好学生在学习中会表现得更加积极主动，这势必会造成水平较低、性格内向的学生成为研究式学习中的“看客”，使他们在研究式学习中被“边缘化”。如果把班级人数控制在合理的范围，这一不良后果就可能被避免。

3. 教学机制和学习资源的配套建设

研究式学习教学模式的推广和完善是一个系统工程，这一教学模式的确立不但需要任课教师的参与和投入，同时也需要学校其他管理部门的支持和配合。从课程体系的角度看，开展研究式学习要以研究式课程体系的确立为前提，因为研究式课程是研究式学习方式的载体。确立课程体系首先要明确研究式学习的首要目标，是培养学生的创新意识和自主学习能力，强调知识学习的综合性、过程性、创新性和应用性。从教学评价的角度看，研究式学习需要建立配套的形成性和过程性评价体系，注重对学习者实际能力和综合素质的考查。

从研究式课程的内容看，课程提供的知识应具有交叉性、前瞻性和多元性等特点，这就要求教师具备丰富多元的知识结构，通常在精通一门专业的基础上还要再精通一门外语。而教学模式的多元性、开放性，则要求教师在内容选择、时空安排、资源配备、研究方法等方面要为学生提供更大的灵活度。可见，建构主义理念下的研究式教学对教师的素质和教学基本功提出了更高的要求。为了提高教师的综合素质与教学能力，要鼓励教师开展研究式学习的教学实践，聘请专家学者对教师定期进行培训，挖掘多种渠道让教师走出校门，接触社会，接触生活，开阔眼界，掌握学科发展变化的前沿性信息，拓展研究式学习资源渠道。

建构主义理念下的研究式教学模式非常重视学习环境的创设和学习资源的开发，提倡信息技术与课程的整合。为此，教师要掌握相应的专业知识和现代信息技术，为学习者提供研究式学习所需要的情景资源、信息资源、研究手段。在研究式学习的教学过程中，教师要具有信息安全意识，注意引导学习者区分信息的优劣，取其精华，去其糟粕，抵制网络和媒体可能对学生造成的不良影响。信息化的教学需要现代科技的支持，而校园网络、多媒体和计算机系统等硬件学习条件的创造，需要学校教学管理部门的配合与支持。

此外，教学管理者应该从教学目标、教学模式和评价体系等方面推进教学改革，制定相应的考核、奖励机制，鼓励教师进修学习，更新专业与相关技术知识。教学管理者应该具有可持续发展的眼光，和在职教师协商制订周全详尽、切实可行的进修学习计划，尤其要积极倡导和鼓励教师开展跨学科学习，提高教师的教学科研水平与综合素养，以适应研究式学习过程中不断出现的新需求，使教师能够在教学中为每一位学习者提供科学正确的引导和帮助。

总的说来，面向非英语专业学生开设专业英语课程，是高等教育改革的一项重要内容和发展趋势，顺应了经济全球化和高等教育国际化的要求。它既是大学专业课程国际化的一种形式，也可以被看作是对高校英语教学模式的革新与发展。目前，英语作为国际通用语的作用日益显示出来，开设专业英语课程的目的就是将专业内容的学习和外语学习有效结合起来。通过学习原版教材和专业领域相关的英文资料，为学生提供接触专业英语的平台，使学生了解专业前沿学科的发展状态，同时也增强英语的实际运用能力。以专业内容为依托、以英语为媒介语的学习方式，能够有效帮助学生掌握搜集和利用第一手研究资料的方法，开阔学术视野，培养创新思维，提高思辨能力，发展自主学习能力，并最终使他们成长为社会需要的复合型、创新型、高素质的国际化人才。

# 第五章　基于网络多媒体的高校英语教学模式的新发展

## 第一节　高校英语翻转课堂模式

随着人们对教学研究不断深入，翻转课堂模式逐渐被人们了解和熟知。与传统教学模式相比，这一新兴的教学模式是建立在网络多媒体教学环境下，是对传统教学模式的一种颠覆。高校英语翻转课堂模式有其自身的优点，本节将对该模式展开分析和探讨。

### 一、翻转课堂模式的定义

翻转课堂又可以称为“颠倒课堂”，其教学过程包含两大阶段：一是知识传授；二是知识内化。在传统教学模式中，教师往往会通过课堂知识传授的形式来传输给学生，学生通过课后作业的完成情况和具体的实践来实现知识的内化。与这一传统教学模式不同，在翻转课堂教学模式中，教师根据自己的教学计划对课前预习的内容进行布置，学生则主动利用各种开放资源来获取知识，在课堂上通过与教师进行探讨，然后完成任务，最后内化为自己的知识。

所谓翻转课堂模式，是指在课堂进行之前，学生利用教师给出的视频、音频、开放网络资源：电子教材等学习材料，自主完成课程内容，然后在课堂上主动参与教师的互动活动，最终完成学习任务。

1927 年，翻转课堂模式是由美国人萨尔曼·可汗（Salman Khan）提出的，他首次利用网络视频展开翻转课堂授课，并取得了巨大成功。因此，可以说萨尔曼·可汗是翻转课堂模式的创始人。

近年来，翻转课堂模式在国内产生了巨大影响。作为一种基于网络多媒体的新型教学模式，翻转课堂模式是对传统教学流程的颠覆，这对于学生展开自主学习而言是非常必要的。但是，翻转课堂不属于在线课程，也不能运用视频代替教师，它只是师生之间进行互动的方式，为学生的自主学习提供了充分的空间和实践，从而获得个性化的发展。

现行教育体系建立的目的在于满足工业时代的需要。1899 年，美国教育专员威廉·哈里斯（William T.Harris）提倡在美国的各大高校中展开机械教学模式，这一模式使得学生“中规中矩”。但这显然与当前经济发展、生活水平不相符，只有对学校教育体系进行革新，才能跟上时代的步伐。换句话说，就是源于工业革命时代的机械教学模式逐渐被当前的新兴教学模式代替。

在传统教学模式中，知识习得需要经历知识讲授、知识内化、知识外化三个步骤。通过课堂，教师完成知识的讲授，而学生在课后任务和作业中完成知识的内化。这在前面已有所提及。但是，在当前云教育、云学习的技术条件下，学生可以通过“云课程”及媒介来展开教学，当学生在学习中遇到困难时，教师可以对其进行排解和启发，既保证了师生之间的平等交流，也保证了学生知识的进一步深化。简单来说，从先教授后学习转向先学习后教授，这就是所谓的课堂翻转。

综上所述，翻转课堂模式是对传统教学模式的变革，师生及教学方式在教学过程中都发生了质的改变。

## 二、翻转课堂模式的构成

很多学者对翻转课堂模式进行研究，将其构成要素分为三个层面：课前内容传达、课堂活动组织、课后效果评价。下面对这三个层面进行分析。

### （一）课前内容传达

在翻转课堂模式中，其教学的基础在于课前内容的有效传达。就目前来说，我国翻转课堂模式往往会采用教学视频与纸质学习材料这两种模式来传达教学内容。其中，教学视频被认为是最基本的形式。对于教学视频的来源，主要有以下两种途径。

1. 运用现有的教学视频

运用现有的教学视频是教师进行翻转课堂教学的最佳选择。这主要有两方面的原因：一是由于教师的教学任务非常繁重，因此并没有多余的时间来制作新的视频；二是教师在面对视频录制仪器时，往往比较紧张，因此会严重影响教学效果和进程。可见，如果教师可以从网上找到现有的教学视频，那么必然会节省教师自身的时间和精力，且网上的教学视频资源非常丰富，教师只需下载就可以使用。

2. 制作新型教学视频

对于翻转课堂模式中运用的视频，教师除了运用现有视频外，还可以进行录制。当然，这需要教师有多余的时间和精力，他们可以运用电脑、录音软件、麦克风、手写板等进行制作。具体而言，可以做到如下几点。

（1）教师可以使用录屏软件对电脑操作轨迹及幻灯片演示轨迹进行捕捉。

（2）教师可以利用麦克风对讲述的音效进行录制。

（3）教师可以运用手写板对书本上的书写效果进行提升。

（4）教师可以利用音频编辑软件对录制的声音进行加工。

另外，教师还需要对画面质量进行关注。基于此，教师需要考虑制作的视频应该尽量短小。这是因为当前的社会生活、工作学习节奏快，如果视频过长，那么难免会引起学生的厌烦；相反，如果视频短，那么则能激发学生的兴趣，引起学生的响应。

### （二）课堂活动组织

在翻转课堂模式中，教师需要对课堂活动进行组织。在组织课堂活动过程中，教师需要注意如下几个层面。

首先，对于高校英语教学而言，导读类课程比较适合翻转课堂教学，这类课程通过网络多媒体展开。在课下，学生按照教师的安排习得内容；在课堂上，教师解释重难点问题，进而通过网络多媒体实现在线测试。完成测试后，学生可以即时获取网络背景知识和学习资源，同时还能与自己之前的测试结果进行比对，从而加深自己的知识。

其次，英语课程涉及语言与文化两大因素，教师在对学生的学习进行安排时，需要从初级认知的识记理解开始，转向高级的综合应用，完成一系列的递增过程。同时，教师在安排学生学习时还需要组织与此相适应的学习活动，在学生固有知识的基础上加深其对不同文化知识的理解和掌握。

最后，在合作学习的基础上应结合个体学习，因为个体学习有助于学生充分领会和识记。

### （三）课后效果评价

在翻转课堂教学模式中，教师需要重视课后效果评价。翻转课堂模式常采用个性化学习测试，依靠的是教师与学生在接触的过程中形成的评价。也就是说，教师需要依据自身经验，对学生的知识掌握程度进行判断。这种即时的评价有利于纠正学生对知识的误解，且能够根据不同学生的差异，为他们提出合理化的建议和指导。但是，由于翻转课堂兴起时间较短，其评价与测试形式并不完善。因此，翻转课堂模式的学习评价主要是要求教师与学生之间进行及时交流与沟通，并根据学生的不同个性特征来加以引导。另外，教师还需要提供更多渠道来为学生展示学习成果，让学生建立起足够的成就感和自信心，促使他们有学习的动力。

## 三、翻转课堂模式的优势

通过翻转课堂模式的定义可知，该模式是对传统教学模式的颠覆。具体而言，翻转课堂模式有如下几个方面的优势。

### （一）有助于学习者安排学习时间

翻转课堂模式有助于学习者安排学习时间，尤其是即将毕业的大学生，他们需要在实习工作上花费很多时间，因此并没有充足的时间置于课堂学习。这些学生需要的是能够迅速传达知识的课程，让他们在闲暇时间学习知识。对于这些学生来说，翻转课堂模式是非常适合的，利于他们对自己学习时间的安排。

### （二）有助于师生展开课堂互动

与传统课堂教学模式相比，翻转课堂模式改变了师生之间的相处方式，教师与学生之间逐渐形成了一对一的交流。如果学生对某一知识点存在质疑，那么教师可以将这些学生集中起来，对他们进行特别指导。另外，在翻转课堂上，学生会展开大量的互动，他们不再将教师看成是知识的唯一来源，还包含其他同伴之间的互动学习。

### （三）有助于学习者实施个性化学习

众所周知，各大高校的学生来自不同地区，其自身发展水平必然会存在差异，参差不齐，尤其是兴趣爱好和学习能力等。虽然当代的教学研究领域注意到了这一问题，但是传统教学模式很难实现分层教学，而翻转课堂教学模式恰好解决了这一问题。翻转课堂模式根据学生的兴趣、能力等展开教学，使每位学生能够从自己的进度出发来进行学习。

### （四）有助于课堂管理的人性化

在传统课堂教学中，教师为了帮助学生获取知识，需要密切关注学生的注意力和整个课堂的纪律问题。这是因为，如果学生被某些事情影响了心情，那么必然会影响他们学习的进度。但是，在翻转课堂中，这一问题是不存在的。

首先，翻转课堂模式将学习的主动权归还给学生。如前所述，翻转课堂模式是对师生间、生生间互动关系的强化，让学生最大限度地发挥了主观能动性，即学生掌握了主动权。虽然传统课堂中教师也会辅导学生，但由于受传统理念的影响，这些教学改变只存在于形式上，教学活动仍侧重于讲授，学生完全没有占据主体地位。在网络多媒体环境下，翻转课堂模式获取了名正言顺的地位。在翻转课堂中，学生根据教师提供的资源首先进行自主学习，体现学生的主体地位，然后在课堂上与教师展开讨论，深化自己的知识。

其次，翻转课堂模式扭转了传统教学模式下学生的学习观念和学习态度。翻转课堂中的学习内容是根据学生的需要、兴趣来定位的。在总体学习目标下，学生通过教师提供的学习途径、学习材料完成知识建构，提升自身的知识水平。

再次，翻转课堂使学生对教师的依赖性降低。这是因为，翻转课堂中知识的习得置于最前的位置，学生的自主性逐渐提高，有效淡化了学生对教师的依赖。在自主学习中，学生不得不将自己获取帮助的想法转向其他同学，经过一段时间后，学生便形成一种习惯，即主动接收学习知识的过程，与其他同学进行探讨和交流，这样不仅可以提升学生的知识水平，还能提升他们的人际交往水平。

## 四、翻转课堂模式的实施方法

根据相关学者的研究，一些学者提出了翻转课堂模式的基本流程。

分析上述翻转课堂教学的基本流程及教学理念，高校英语教师根据其所授课程内容形成了多种教学流程。具体而言，涉及如下两大层面。

## （一）进行课前安排

在课前安排方面，教师要为学生准备充足的学习资料，如电子教材、外语参考书籍、国内外相关外语专题网址及微视频教程等。

1. 电子教材的设计

在电子教材的设计上，应该注重其完整性。也就是说，纸质教材的内容及附加的包含音频、录像、解释材料等在内的内容应包含在电子教材中。此外，还有语料库数据、相关网站等资料，可以运用链接形式注入电子教材中，便于教师和学生使用。

电子教材除了设计要保证完整性外，还需要遵循一些次要原则。

（1）模态协作化原则

由于电子教材的设计涉及多模态形式，在运用多模态时需要考虑几个因素：一是现有的设备条件是否适合使用多模态，能否为教师留有选择的空间；二是运用多模态能否产生正面效应，其教学效果如何；三是考虑多模态的运用是否会出现冗余，避免产生浪费；四是多模态形式是否能够进行强化和互补。

（2）模态分配分类化原则

模态分配分类化是指根据不同的教学条件和教学对象来分配不同的模态组合。著名学者陈敏瑜在对多模态进行研究时，发现大学教材中的绘图大多为纲要式或者抽象式图表，而小学教材多为漫画式，这就说明教材的编写是根据学生的认知能力和基础知识界定的。因此，在设计电子教材时，同样需要考虑学生的认知能力和知识水平，如文科生适合形象化的模态，而理科生适合抽象化的模态。

（3）超文本化

在电子教材中，教学材料是主语篇，而提供背景、解释、练习材料的是小语篇，二者通过不同层次的方式构成一个相对复杂的语篇网络。

（4）个性化

电子教材设计的个性化是从学生的个性特点出发来组织教学。由于学生的起点不同，其使用的模态也必然不一样。为学生提供多种可供选择的教学模态，有助于提升学生的学习兴趣，避免出现“一刀切”的情况。

（5）协作化

在多模态学习的环境下，学生要相互进行协作，以小组的形式来完成学习任务、实现学习目标，进而提升整个小组成员的知识水平。

（6）模块化

所谓模块化，是指电子教材的设计以阶段性目标为核心，根据这一目标为学生设计教材，并在此基础上设计完成任务和目标的措施和方法，指导学生根据步骤来学习，为实现自己的目标努力。

2. 微视频的设计

微视频是当前翻转课堂模式常用的学习资源，具有很强的针对性。在课堂开始之前，教师可以根据课堂学习目标准备两个或三个微视频，一个微视频仅介绍一个知识点就可以，如果介绍的内容太多，那么就会影响学生的理解和学习。对于微视频的设计，教师需要注意以下几个方面：

（1）英语教学视频的视觉效果、互动性、时间长度等都会对学生的知识习得产生影响。在微视频中，教师要对学习内容进行合理设计，并设计课前练习的难度与数量等，以帮助学生将新旧知识结合起来。

（2）学生在课前学习过程中，可以利用网络多媒体软件等与其他学生进行交流与沟通，将自己学习中的难题和疑问排除掉，促进学生彼此间的提高。

（3）在微视频的设计上，教师还需要考虑学生的适应性。刚接触视频时，学生很难集中自己的注意力，他们更专注于笔记的记录。为了改善这一局面，教师可以为学生构建视频副本，帮助学生解除后顾之忧，引导学生对视频内容进行关注。

（4）在微视频的制作上，教师不仅需要对整体上的视觉效果进行重视，还需要突出学习的要点和主题，根据知识结构来设计活动，为学生构建内容丰富、形式新颖的平台，让学生对微视频学习产生更大的学习积极性。

（5）当微视频制作完成之后，教师可以将这些视频上传到网上，学生可以通过学校网络随时下载使用学习。

（6）当学生完成微视频的学习后，需要对自己的学习情况进行总结。如果遇到问题，可以将这些问题反馈给小组长，然后由小组长向教师汇报。

### （二）展开课堂教学

在翻转课堂上，教学大概涉及五大步骤：合作探究、个性化指导、巩固练习、反馈评价以及课程总结。

1. 合作探究

首先，要合理进行分组。合作学习实际上就是小组学习。合作学习中组员之间的结构是十分重要的，因此教师在分组时要注意各小组成员在能力水平、知识结构上的多样化。同时，各小组成员之间保持个性特点的均衡也有利于各个小组间进行竞争和学习。一般来说，各小组成员应该遵循“组间同质，组内异质”这一原则，保证小组成员中具有不同层次的知识水平，提升小组内能力欠佳学生的积极性，促使任务的完成。另外，小组内的成员应该进行分工，即每一位成员在小组内都应该体现自己的作用和位置，在完成任务的过程中能够积极地进行思考。

其次，对问题进行策划和提出。小组合作的内容要具有操作性，即设置的问题能够进行讨论。在课堂开始之前，教师应该根据不同的学习内容和任务明确分组的原则，明确规定小组内各个成员任务以及完成任务的时间。在合作学习中，教师处于引导者的地位，为不同学习小组制订不同的学习任务，使各个小组间能够相互合作、共同学习、共同进步。

最后，要合作实施，并对过程进行控制。小组合作学习并不是在任务开始时就要求一起完成任务。事实上，在任务开始时，小组成员需要对任务进行研究和探讨，且各个成员间独立进行思考，通过独立的思考来促进和发展思维。之后，小组成员之间对思考的成分进行交流，发表自己的观点和看法，最后对各种信息和观点进行汇总，组合成一个一致的观点。当然，小组内还需要一个发言人，发言人需要将观点和看法向教师反馈。

2. 个性化指导

在个性化指导阶段，教师需要为各个小组解答问题与疑惑。在合作探究中，不同小组会产生不同的问题，教师应该根据不同的问题进行个性化指导并解答问题；对于一些共性问题，则可以集中起来予以解答。

3. 巩固练习

在巩固练习阶段，在教师的个性化指导下，各个小组需要进行总结，并通过不断练习来加深印象，对重点、难点知识进行巩固。另外，这一阶段需要各个小组间的学习与交流，引导学生间贡献学习经验和知识。

4. 反馈评价

对小组合作学习情况的评价主要包含两个方面：一是对学习过程和结果进行评价；二是对小组及小组内成员进行评价。在对各学习小组进行评价时，教师需要将重心放在整个小组任务的完成情况上，而不是放在某一小组成员的成绩上。同时，教师还需要评价小组内成员参与的主动性、积极性，这样既可以为其他小组内的成员树立榜样，还可以激发小组内成员的热情，调动学生学习的积极性，防止学生产生依赖，更好地实现合作学习。

5. 课程总结

课程总结是合作探究的最后一步，各小组间进行交流与信息沟通。教师应该给予小组内不同成员充分的支持，使各个小组都能够顺利地完成学习任务，实现既定目标。

总之，高校英语翻转课堂模式不仅是对课前预习效果的强化，更是对课堂学习效率的注重和提升。对于教师来说，通过课堂活动设计来使学生知识内化是教师的重要任务，也是高校英语翻转课堂教学的目的。基于此，教师在设计课堂任务时应该对写作、情境等要素予以充分利用，引导学生通过真实体验来实现知识内化。对于高校英语翻转课堂而言，学生展开学习的基础在于信息资源及技术工具等的运用。

## 第二节　高校英语微课模式

随着网络多媒体技术的引入，人们的学习方式逐渐发生改变。在网络及“微时代”的双重影响下，微课模式已经悄然进入高校英语教学的领域，并成为人们探索新教学模式的一个重大突破口。可以说，微课是一种新的网络学习资源，并在国内迅速发展，成为基于网络多媒体的高校英语新教学模式。高校英语微课模式的定义、构成、优势及实施办法等成为当前研究的热点，下面就对这几大方面展开分析和探讨。

### 一、微课模式的定义

从字面上来说，“微课”有如下三个层面的阐释。

（1）对于“课”这一概念来说，微课是“课”的一种，是一种课式，呈现的是一种短小的教学活动。

（2）对于“课程”这一概念来说，微课同样是有计划、有目标、有内容、有资源的。

（3）对于“教学资源”这一概念来说，微课具有丰富的教学资源，如数字化学习资源包、在线教学视频等。

但是，对其内涵进行挖掘，可以发现微课是一种具有单一目标、短小内容、良好结构、以微视频为载体的教学模式。微课的最初理念是通过正式或者非正式的学习方式，人们不断对短小、主题集中、与实践紧密结合的专业知识进行学习，从而提高学习效果，促进知识的内化。

在这一理念基础上，我国学者对微课模式展开了重点研究，很多学者提出了自己独到的见解。

黎加厚认为，“微课是时间在十分钟内，教学目标明确、内容短小，能够对某一问题集中说明的微小课程。”

焦建利认为，“微课是以某一知识点为目标，其表现形式是短小精悍的在线视频，主要应用于教学和学习的一种在线教学视频。”

胡铁生、黄明燕、李民认为，“微课又可以称为‘微型课程’，是建立在学科知识点的基础上，构建和生成的新型网络课程资源。微课以‘微视频’作为核心，包含很多与教学配套的扩展性或支持性资源，如‘微练习’‘微教案’‘微反思’‘微课件’等，从而形成了一个网页化、半结构化、情境化、开放性的交互教学应用环境和资源动态生成环境。”

上述这些学者的概念具有针对性，并一定程度上反映出微课模式的基本特征，虽然具体内容存在某些差异，但是其理念和核心基本一致。涉及综合性问题，笔者更倾向于胡铁生的定义。笔者认为，微课从本质上是一种对教与学进行支持的新型课程资源，而且微课与其他与之匹配的课程要素共同构成了微课程。从这点来看，其属于课程论的范畴。当学生通过微课模式开展学习时，他们就是以微课作为媒介与教师产生交互活动，通过面对面辅导、在线讨论等进行直接交互，从而产生有意义的教学。

## 二、微课模式的构成

从微课的课程属性出发，微课需要具备必备的课程要素。具体而言，主要涉及四大要素：目标、内容、活动、交互和多媒体。

## （一）目标

目标是指教师预期微课模式的适用教学阶段，以及期望教学所要达成的结果，主要包含以下两层含义。

（1）应用目的，即设计开发微课模式的原因。这与微课模式是在课前、课中还是课后运用有关。如为学生的课后练习提供指导而制作的相关练习讲解的微课。

（2）应用效果，即教师在使用微课模式后期望学生所能够解决的具体问题，如掌握某一体裁的英语写作方法、阅读理解题的解题技巧等以引发学生思考。

一般来说，微课模式的目标是具体明确、单一的，其对于微课内容和应用模式的选择起着重要的指导意义。

## （二）内容

微课内容是指为微课模式预期服务的，与特定学科相关的有目的、有意义传递的信息与素材。也就是说，高校英语微课模式的内容是教师实现预期目标的信息载体。根据微课的目标，并结合学生的学习情况以及准备应用的教学阶段等教学实际来设计微课模式的内容。微课内容不同，教师对教学活动的设计也不一样。但是，由于微课的时间很短，内容上往往具有主题明确、短小精悍、独立的特色，因此需要教师对微课的内容进行精心地选取。

## （三）活动

活动是主体与环境的相互作用过程，其中环境涉及主体本身、其他主体以及客体。”这里所说的“教的活动”是指教师这一活动主体与特定微课内容这一客体之间的相互作用过程，通过这种相互作用，向学习微课的学生将教学信息有效传递出来，以帮助学生对课程内容进行理解与思考。教的活动是实现微课目标的一种有效方法。从方法上来说，教的活动可以分为教师的演示、讲授、操作及其与其他主体间的互动等活动类型。

### （四）交互和多媒体

要想完成微课中教的活动，教师必须要借助某些特定工具，来保证学生能够正确理解微课内容的意义，从而实现学生与微课的相互交流。在微课模式中，这种工具主要包含以下两种。

（1）交互工具。学生进行微课学习，能够促进学生与微课间进行操作交互和信息交互。

（2）信息呈现工具——多媒体。多媒体能够更好地帮助教师对教学内容进行表达和解释，提高学生在进行微课学习时与学习资源间的交互有效性，如微课中课件、动画、图形、图像等的呈现。总之，微课这四大因素是相互影响、相互关联的。通过对这几大要素的设计，教师有助于构建成一个具有结构化数字化课程资源。

## 三、微课模式的优势

从微课的定义与构成上不难看出，微课与当前信息技术相适应，也与《高校英语教学指南》相适应，是一种新兴媒体在教学领域的运用。可以说，微课在高校英语教学中的优势非常明显。

### （一）教学内容少

微课模式主要是对课堂教学中某一知识点教学的凸显，或者是对教学中某一环节或者某一主题活动的反映。与传统教学内容相比，高校英语微课教学内容精简，更符合教学的需要。

### （二）教学时间短

一般来说，高校英语微课教学视频时长为 3—8 分钟，最长也不应超过 10 分钟。相比之下，传统课堂教学时间长，一般为 40—45 分钟。因此，微课常常被称为“微课例”或“课堂片段”。也就是说，微课教学时间短。在当前的高校英语教学中，使用微课模式有助于针对教学难点开展教学，使学生能将这些注意力集中在教学的黄金时段，通过与教师的互动解决学习上的困惑。

### （三）资源容量小

通常情况下，微课模式中的教学视频及配套资料的容量约为几十兆，容量一般比较小。在高校英语教学中，微课这一模式有助于教师与学生间流畅地展开交流。

### （四）资源构成情境化

高校英语微课教学的内容通常具有鲜明的主题，且指向也完整、明确。教学视频片段是微课的主线，并以此对教学设计及其他教学资源进行统整，从而构筑成一个类型多样、主题凸显、结构紧凑的“主题单元资源包”，创造出一个真实的教学资源环境。这就使微课资源具有了视频教学案例的特点。这样真实、具体的情境不仅有助于学生提升自己的思维能力，还有助于提升教师的教学技能和学生自己的学业水平。

### （五）反馈及时、针对性强

微课教学内容少、教学时间短，因为可以在短时间集中开展“无生上课”活动，因此教师和学生都可以迅速获取反馈信息。此外，每一位学生都可以参与进课前组织预演，相互学习，这在一定程度上有助于减轻教师的压力，保证英语教学活动顺利开展。

### （六）成果简化、多样传播

由于微课教学内容主题鲜明，内容具体，因此其成果易于转化和传播。同时，微课教学时间短、容量小，因此其传播的方式也是多种多样的，如网上视频传播、微博讨论传播等。

### （七）主题鲜明，内容具体

微课课程的开展是建立在某一主题上的，其研究和探讨的问题也主要来自于具体、真实的教学实践。例如，教学实践中关于教学策略、学习策略、重点难点、教学反思等问题。

## 四、微课模式的实施办法

就当前的教学实践来说，微课模式有着重要的发展前景。虽然微课的设计是当前研究的重点问题，但是也不能忽视微课模式在教学实践中的应用。因此，下面就高校英语微课教学提出一些建议。

### （一）建立微课学习平台

微课模式主要建立在视频这一载体上，同时还需要一些辅助模块，如微练习或互动答疑等，这些对于提高学生的学习兴趣、培养教师的信息化应用能力十分有益。其中，一个较为创新的方法是微慕课平台，即使微课模式展现出慕课模式的系统性和专业性。这一平台具有一定的知识含量，且结构灵活、系统性强、制作成本低等优点。

### （二）提升微课录制技术

微课录制技术更追求质量，而且要尽可能地简单，使教师乐于录课，并能够快速提升自己的微课录制技术。另外，微课的研究人员需要在网络多媒体技术上进行改进和发展，追求卓越，尽可能地使微课模式得以普遍推广。

### （三）加强资源开发，实现共建共享

当前的高校英语教学中仍旧存在着教学资源不均衡的情况。微课的出现，使得优质的教学资源通过网络传送到全国的高校中，从而实现资源共享。

# 第三节　高校英语慕课模式

在网络多媒体环境下，慕课模式是以关联主义为基础，开展大规模的在线教学方式和学习方式。慕课模式的形成和发展并不是偶然的，而是在时代的发展和信息技术的进步基础上实现的。本节就来分析高校英语慕课模式。

## 一、慕课模式的定义

慕课是一种在线课程开放模式，是在传统发布资源、学习管理系统的基础上建立起来的课程模式，又称为“大型开放式网络课程”。慕课主要由具有协作精神与分享精神的个人所组织，他们将优异的课程上传到网络，可供需要的人下载和学习，目的是促进知识的传播和发展。

## 二、慕课模式的优势

慕课模式应用于高校英语教学必然会引起重大的教学理念与教学方式的改变。也就是说，慕课模式对当前的高校英语教学意义重大。具体而言，慕课模式具有如下几点优势。

### （一）提供能力培养平台

我国的高校英语教学虽然一直在不断变革，但是总体上还是将重心放在基础知识教学上。这种教学模式必然阻碍学生将英语教学与专业结合起来，也就很难实现自己综合能力的提升。

受这一教学理念和教学背景的影响，很多学生忽视了英语的学习，并没有意识到英语这一工具的作用。慕课的出现能够为学生提供最新的发展评估和专业动向，有助于激发学生的学习动机和兴趣，促使学生提升自己的专业能力，解决英语教学与自己专业的问题。

### （二）平衡不同学生水平

高校学生来自于不同的地域，各地的教学水平存在差异，学生的学习能力和学习基础也高低不同。在统一的大班英语课堂上，教师很难实行一对一教学，只能从宏观上对学生进行指导。在这样的教育现实下，很多学生已经追赶不上教学的进度，或者不满足于当前的教学水平。

慕课模式通过开放性的网络平台，给学生提供了有针对性的教学，便于缓解教师教与学生学的矛盾。同时，该模式不受时空限制，既有利于促进基础好的学生能力的发展，也有利于基础差的学生知识的巩固。

### （三）形成语言使用环境

对于我国学生而言，英语是第二语言，因此本身缺乏语言学习的环境，导致学生在课堂上学到的知识很难在现实中应用。很大程度上说，这降低了学生学习英语的成就感，也对日后学生的语言能力提升十分不利。

慕课的出现能够为学生创设良好的语言学习环境，即学生可以接触到真实的语言，甚至可以与世界上其他国家的人们进行交流，这都有助于提升学生自身的听说能力。

### （四）扩大学生知识储备

我国的高校英语教学主要是围绕课堂教学展开的，面对短暂的教学时间、繁重的课业压力，课堂教学很难给学生带来充足的知识。相比之下，慕课教学模式以网络为平台，向学生提供丰富的知识，方便学生进行提取，不仅扩大了学生的知识储备，还提高了学生的学习效率和兴趣。

## 三、慕课模式的实施办法

作为一种新兴的高校英语教学形式，慕课模式往往会通过以下几个步骤进行教学，即课程设置多样化、上课方式多样化、考核方式多样化、传统课堂与慕课结合。

### （一）课程设置多样化

慕课教学模式根据学生的兴趣和需要来选择课程，大大提高了学生的学习兴趣，从而提升了学生学习英语的质量和效率。

### （二）上课方式多样化

虽然我国各大高校都在推进高校英语教学改革，上课形式也不再单一，但是仍旧将教师讲授作为中心，其中穿插的多媒体也只是一种辅助形式，是教师板书的延伸而已。

### （三）考核方式多样化

在网络多媒体教育环境下，高校英语慕课模式的关键在于考核方式的多样化。如果仅仅依靠传统的笔试或者论文式教学，那么就很难将学生的实际水平测试出来。在慕课模式下，考核方式的多样化主要涉及两点：一是探索个性化考核方式，即根据不同层次的考生设置不同的测试题目；二是探索开放性的考试方式。总之，无论是个性化考核方式，还是开放性考核方式，其前提都是为了激发学生的学习积极性和学习兴趣。

### （四）传统课堂与慕课结合

前面已经介绍了慕课模式的优势，但是在发挥慕课模式的同时，还需要注意两点问题。

首先，高校英语慕课模式教学还有待完善，因为需要对教师进行培训，还需要准备与之配套的教学硬件设备。

其次，对于大学生来说，他们自身水平存在差异，因此要想让不同层次的学生适应慕课模式，也需要很长一段时间。如果将所有的教学内容置于网上，那么那些本身自制力差的学生就更容易放弃，这当然是教师不愿意看到的。

因此，当前属于新旧交替时期，教师仍旧扮演着重要角色。首先，教师应该积极探索能够激发学生主动性和积极性的慕课课件。其次，教师需要对学生的基本情况有一个清晰的了解，保证慕课课件能够被大多数学生理解和把握。最后，教师还需要了解不同学生的自主学习能力，锻炼学生的心理素质，使他们尽快适应新兴的教学模式。

# 第六章　英语教师的角色和素质

## 第一节　英语教师的角色

教育是一个多因素、多层次的整体系统，是一种培养人的活动，这种活动主要由教育者、受教育者和教育影响三个基本要素构成。狭义的教育就是指学校教育，其中教师是教育者，学生是受教育者。历史证明，教师在教育中的作用是随着时代的变化而不断变化的，并且举足轻重，关系整个国家教育的发展。因此，教师必须认清自身的角色，并不断发挥自己的作用，从而推动整个国家教育事业的良性发展。

### 一、社会赋予大学英语教师的角色

古有《师说》，曰："师者，所以传道授业解惑也。"人们把教师定位是将其"术业有专攻""闻道有先后"所获取的知识传授给学生的一类人。一旦传授活动结束了，教师的教学也就完成了。教师在当时的农业经济背景下，更多地充当着知识传授者的角色。在那个相对封闭的时代，知识总量有限，更新率低，年龄与知识成正比，也与权威成正比；教师是知识拥有者的代表，甚至在一定程度上是礼数、德才获取的源泉。大学英语教师也不例外。在中华人民共和国成立前,“不管是教会大学还是中国自己的大学,除了外文系外,一般学生上英文课主要集中在语言技能上，因此，那时只要受过相当英文教育的人就可以担任英文课教师”①。也就是说,当时英语教师的角色主要是语言知识的传播者和灌输者,他们的教学活动多拘泥于对教材语言知识的讲解,即在对词汇、语法、句子结构等语言知识的讲解方面花大量的时间，但对学生口头和笔头的英语运用却关注很少。

中华人民共和国成立后，随着我国高校建设的不断完善、社会对英语人才需求的不断发展，英语教学改革也如火如荼地展开了。原有的以传授语言知识为己任的单纯的教师角色已不能适应高校建设和英语改革的新要求。研究发现，高校英语教师的角色应该是集教育者、研究者和服务者于一身。第一,高校英语教师应该是大学英语教育的执行者。学习国家的英语教育政策、践行教育政策的理念、进行有效的课堂教学、为祖国培养社会所需的英语人才是高校英语教师最基本也是最重要的职业角色，也是他们所肩负的第一使命和神圣职责。第二，高校英语教师应该是英语学科建设的学术研究者。众所周知,当代大学是新知识、新思想、新科技的发祥地,大学教师应该是思想、科技和文明进步的引领者。要做到这一点,大学英语教师必须开展科学研究,只有具备了一定的科研能力，才能对教学中发现的问题进行深入的探讨，查找理论依据，更新教学理念，探求解决方案，完善教学方法，创新语言知识，推动学科发展。第三，高校英语教师应该是社会、政治、经济、文化建设的服务者，应该服务于地方社会的发展，协助地方社会、经济和文化等取得效益。这一角色是社会对教师的期望。大学是知识传播、学术研究、技术创新的重要阵地。因此，社会期望高校教师能够为社会的发展提供时代需要的知识和技术。当代大学生是社会文化的引领者，因此，高校英语教师还承担着培养社会高级人才、传播知识、创新技术和推动社会发展的责任。

① 龚晓斌.中国大学英语教师角色的历史嬗变 问题与对策[M].苏州:苏州大学出版社,2014.

进入21世纪，随着科技的发展，越来越多的高校在英语学科上尝试采用网络自主学习这一新兴模式。2010年中共中央、国务院印发的《国家中长期教育改革和发展规划纲要（2010—2020年）》对高等教育提出了“提高人才培养质量”“深化教学改革”的要求，于是促进学生个性化学习方法的形成和学生自主学习能力的发展就成为教学模式改革的主要目的。为了在这一新的教学模式下发挥应有的作用，教师角色也应进行转变，要朝着多维度的方向发展，以满足学生不同维度的需要，确保学生在网络自主学习模式下知识建构的有效性及学生综合素质的提高。在这一目的的指导下，21世纪的高校英语教师应该是英语教学的引导者、监督者、促进者和评估者。首先，英语教师应该是引导者。在网络自主学习课程的构建过程中，教师应该设置学生自主学习策略和方法这两个模块，并教会学生一些有效的学习策略和方法，使学生能够在网络自主学习中适当地选择、运用和调节自己的学习策略。在实践网络自主学习模式之初，教师应该向学生讲解一下网络自主学习的特点及在学习过程中可能会遇到的问题。同时，教师要对学生的水平和自主能力做到心中有数，这样亦可以在设置各个阶段的学习目标和计划的时候做到行之有效。在课程开始时，教师可以通过问卷调查和访谈等多种形式了解学生的知识水平，以及学生对学习的需求、学习特点和学习方面的难点。在做好充分的调研工作之后，教师应根据具体情况分别制订各个阶段的学习目标和计划。针对学生学习策略单一的特点，教师应该在整个课程的学习过程中，不断强调学习策略和技巧的掌握，使学生明白，在网络自主学习过程中，学习策略和技巧的培养和掌握是至关重要的。其次，英语教师应该是监督者。从建构主义学习观来讲，良好的自主学习者需要明确学习问题的实质，并积极地寻求解决问题的方法。在学生进行网络自主学习的过程中，教师对学生自我调控能力的监督力和有效性，是帮助学生明确学习问题、寻求学习方法的重要保障。值得注意的是，网络自主学习和传统教学在时间性和地区性上有所不同，需要教师在学生网络自主学习过程中进一步加强监督。在传统教学中，教师在课堂上可以对学生的学习效能进行有效的监督，通过与学生的互动来检查学生对知识的掌握进度和学习进程。而在网络自主学习过程中，教师通过设置互动环节来监督、检查学生的知识网络进度和学习进程，会出现回应时间的滞后性和回应地点的差异性；尤其是会有少量学生在回应的过程中出现“lurking”（潜水）的现象，这对教师的监督能动性无疑是个考验，需要教师采用相对有效的监督策略，督促学生在既定的时间内完成学习计划。监督的方式多种多样。教师可以基于教材开发出的网络平台所提供的教学管理和监测系统，对学生的学习进行监控分析，并适时提醒学生完成进度；用学生在平台上参与练习的数量和正确率，以及平台登录时间等一些可以用数字量化的监督方式，记录学生的学习情况。基于互联网为学习平台的学校，教师可以建立自己的博客或是网站，根据学生在博客讨论区等的讨论表现，学生与自己往来电子邮件的情况，以及定期与学生面对面的交流，来监督学生的学习进度和任务的完成情况。再次，教师应该是促进者。在网络自主学习中，学生往往会有情感策略缺失的状况发生。情感策略作为学习策略中的一种重要间接策略，是指学生在学习过程中，降低自身的焦虑度，了解自己的情感状况。在网络自主学习模式下，学生直接面对的就是网络，在学习过程中缺少与其他学习者之间的互动，面对学习阶段的各种评估测验都会不自信，会导致出现情感策略的缺失。在这种情况下，教师要不断给予学生自主学习的自信，促进学生学习。克拉克（Clarke）在列举教师在学生网络自主学习中所起的作用时，将“帮助学习者在网络自主学习中，建立自信感和舒适感”列为第一位。大部分学生在中学期间，学习过于应试化和传统化，在大学期间让其将网络自主学习作为行之有效的学习方式是必要的。实现这一过程取决于教师的正确引导，教师应推动学生进行有效的学习，让学生在学习过程中获得一种逐渐增强的满足感和自信心。申继亮认为，学生学习的自我效能感是其自主学习得以实现的重要保证。因此，教师应尽量使学生在网络自主学习中有机会获得成功的体验，使学生有成就感，不断激发学生的学习动机。在学生网络自主学习时，教师不再是知识的灌输者，而应该是学生自主学习的协助者和支持者。在网络自主学习中，学生获得自我效能感是其学习的必要保障，而学生获得自我效能的重要途径就是教师将角色定位倾向于促进者和鼓励者。最后，教师应该是评估者。教师在采用评价和反馈的教学策略方面，应尽量采用鼓励性评价和积极性反馈，这样才能很好地应对学生在网络自主学习的情况下容易产生的挫折感和无助感。卡德纳（Gardner）等人认为，在自主学习过程中，如果不能及时地将自主学习的资源、时间分配和学习者的教育有效性这三个要素进行评估，那么自主学习将会面临一定的风险；只有及时对自主学习进行有效的评估，才能降低其风险。对网络自主学习来讲，评估作用尤为重要。一方面，从学习者的角度来看，了解教师对其学习效果的评估，可以及时地纠正其自主学习过程中出现的问题；另一方面，对整体的网络自主学习课程的设置来讲，评估工作可以正确衡量网络自主学习课程的有效性，可以确定此项课程设置对于学习者的学习与传统教学相比是否更有可取之处。如果网络自主学习有效性高，那么，整体的教学目的和教学方法则可以在全国各高校进行推广交流；反之，如果评估工作的结果证明学生的网络自主学习的有效性和获得性过低，则需要教学工作者进一步改进网络自主学习的模式。由此可见，网络自主学习模式下的教师将面临转型，教师需要担当起多维度的角色。

## 二、学生赋予大学英语教师的角色

学生是教学过程中另一个不可忽略的因素。教师能否充分而有效地扮演好自己的角色还取决于学生的配合程度。为此，研究人员采访了江南大学的一些学生，以了解他们心目中教师所扮演的角色。

## （一）思想点拨，做学生的智囊团

我们应当明确，教师在学习活动中应当充当组织者和智囊团的角色。教育并不意味着知识的单向输入，也并不是输入得越多越好，关键是学生的吸收程度。很多教师在教学时都可能会碰到这样的问题，即在教学前期并未合理、妥善地规划课堂教学进度，临近期末眼看教学任务尚未达标，为了完成教学计划，就通过压缩课堂上学生讨论的时间，自己主讲，让学生听和记笔记来赶上教学进度。

随着教学改革的不断深入，在课堂教学中，教师应发挥学生的主体性，让学生充分地发表意见，使每个个体均有发展的空间，在课堂上也应更多地采取启发教育的形式。也就是说，教师在教学过程中，应充当组织者、智囊团的角色。在思考问题的方式上，“组织”就是教师在教学过程中发现一个值得讨论的发散点，引导学生由点启发到各个面。当然，这种发散思维并不能任由学生天马行空，教师应当在此时对学生的讨论加以管理，组织学生向着既定的知识点靠拢。当学生的思考毫无头绪，或者是思维陷入死循环的时候，教师就应发挥智囊团的作用，给予学生点拨、启蒙，帮助学生自主解决问题。在此过程中，教师要掌握好点拨的度，让学生既能得到思想上的启发又能发挥主体作用。所谓点拨，就是强调、引导、提示，并不是灌输，也不是对所有问题都详详细细地、一步不落地讲解，而是用高度凝练、简洁的提示性语言引导学生的思路。教师给出的提示不可能面面俱到，但是，教师的提示性语言应当具有针对性，针对不同的学生，根据他们在思考时钻牛角尖的或者是特别困惑的点给出不同的思路点拨。这时，教师会新承担一个任务，那就是帮助学生做思维的梳理，帮助学生一步步理清思绪。这个过程既能让学生对问题进行二次思考，也便于教师去发现学生的“纠结”点，进行更有效的拨乱反正，把学生从错误、毫无头绪的困惑中引导出来。值得注意的是，教师点拨的时机同样关键。如果教师点拨早了就会影响学生的思考；如果教师点拨晚了就会失去点拨的意义，适时地点拨才能发挥最大的效力。教师所选取的点拨时间点，一定是要在学生对所要解决的问题有较为透彻的分析，并且经过充分思考之后。只有这样学生才能最大限度地掌握知识点。教师的点拨总能给学生带来“山重水复疑无路，柳暗花明又一村”的豁然开朗的成就感。学生的这种成就感会在日后的英语学习过程中给他们自身带来更多的积极影响。

### （二）善于发现，做学生的掘金者

我们常听到这样一句话：“每个学生都是天才，宇宙的潜能隐藏在学生的心中，而开启的钥匙，就在教师手中。”霍华德·加德纳（Howard Gardner）的多元智能理论认为：智能培养的目标应该是挖掘每个学生的学习潜能，培养其创新才能。每一个个体都有相对而言的优势领域，有的人显露出过人的音乐天赋，有的人则表现出超常的数学天赋，而每一个个体不同优势智能领域的充分发展能使个体的特殊性得到充分展示，使个体的个性得以充分体现。那么，英语教师就应善于发现谁是班里的“写作天才”，谁是“翻译天才”，谁是“文学天才”，等等。

每一位教师都应具备一双慧眼，能够及时捕捉每一个学生身上的闪光点。发现闪光点的前提是教师对每一位学生的了解程度。要了解一个人是需要时间来接触的，教师和学生也是如此。这种了解可以建立在上课的提问中。教师应认真聆听每一位学生的回答，关注他们的思路。一个人的思路最能反映出他的性格特点，这也就方便教师在日后帮助学生发现其自身的潜能。教师还可以在作业中看出学生的思维方式。学生各有特点，有的学生口才好，能通过表述将自己的经历清晰地表露出来；也有学生不善言辞，对于这类学生，教师就可以在平时的笔头作业中增进对他们的了解。

正如前面所提到的，每一个学生的智能特点和表现是不平衡的，教师应当发现不同的学生所擅长的领域，并努力挖掘每一个学所具有的生特殊才能的巨大潜力。教师应当把注意力集中在学生的差异性上，力求学生做到个性发展。对学生实施教育时，教师要克服在传统的教育实践中把语言智能和逻辑、数理智能看作最基本的能力，而把其他智能在不同程度上看作是无碍大局甚至是可有可无的错误思想；要注意培养和提高那些非传统的优势智能领域的学生的自尊心和自信心，强调人才的多样性。教师应该尊重传统教育意义上的“差生”，增进对他们的了解，也许在相互了解的过程中就会发现他们所擅长的某一优势智能领域，进而鼓励、帮助他们的创造性潜能得到充分发展。

教师应当正确引导学生发挥潜力，若是学生身上的某一特质已初露锋芒，却没有教师帮助他们进一步挖掘，就有可能导致学生的最终潜力还是得不到发挥。若是学生身上体现出了在某一领域的学习优势，却没有受到正确的指引，也没有得到专业的培养，那么学生就有可能以平庸而告终。对一些不自信的学生来说，教师的职责还在于帮助这些学生认可其自身潜能。如果学生仅仅是依靠家长、教师的赏识和鼓励而形成自信，那么他们就像温室里的花朵，经受不住考验。只有真正挖掘出学生的优势和潜力，让他们真正看到自己的能力和优势，感受到自己的力量，才能巩固他们的自信。所以，教师要善于从学生身上发现他们的优势，帮助每一个学生找到适合自己发展的空间，最大限度地开发出每个学生的内在潜能，帮助学生树立牢固的自信心。

### （三）力行监督，做学生的推动剂

教师应成为学生自主学习的监督员，努力创建一个适宜的学习环境，激发学生的主动性和创造性，增强学生的自主学习意识，促使学生积极、主动地建构知识，帮助学生克服焦虑、紧张、羞怯等消极心理的影响，鼓励学生正确地表达自己的思想。英语学习相较于其他科目而言是相对枯燥的，学生在长时间学习之后难免会产生厌学的心理。这时，教师就应承担起监督员的职责，帮助学生走出这种消极的状态。教师应当首先明白学生出现这种怠惰状态的原因。教师只有在透彻分析之后，才能找出相应的解决办法。是不是最近课业太过繁重？是不是课程内容太过复杂？学生在理解消化时是不是遇到了困难？是不是授课形式单一枯燥，学生提不起兴趣？这些都可能是造成学生思想懈怠的原因。若是课业繁重，那么教师可以酌情减轻学生的课业负担。若是课程内容晦涩难懂，学生难以理解，那么教师就应放慢教学进度，着重强调重、难知识点。若是学生认为授课形式单一枯燥，那么教师就应该多添加一些课堂讨论的环节，强调人人参与，活跃课堂气氛。英语学习注重积累，英语是一门需要毅力、长期坚持的课程。教师应该鼓励、监督学生养成阅读的好习惯，学生要多读书，读好书。教师可以以月为单位，每月罗列读书清单，以供学生选读；在每月末进行读书分享活动，一来可以检测学生的阅读进度，二来也能促进学生之间的思想交流。教师也要明确，读书不仅仅是学生的事情，终身学习同样是对教师的要求。教师和学生相互监督、相互促进，当学生在阅读过程中遇到难以理解的节点时，教师也能给出自己的阅读见解供学生参考。

教师"监督员"的职责还体现在对学生课业成绩的评估上。在课堂交际活动中，教师应留心学生的一举一动，关注学生的课堂参与度，并记录在案，作为对学生平时成绩的考核，并及时给出反馈信息。为了能够了解学生对课堂内容的掌握程度，教师可以安排课堂小测。课堂测验这种方式，不但能检测出学生运用所学知识的能力，更能给学生一种推动的"压力"，营造出一种学习的紧迫感。有压力也不一定就是坏事，适当地给学生一些压力，能激发出他们的学习潜力。正如俗话所说："有压力才能有动力"。测验的成绩能够帮助教师和学生了解知识的遗漏点。如果某一次成绩不理想，那么教师和学生都应敲响警钟，及时查漏补缺。教师还应鼓励并帮助学生学会自我评估，帮助学生监督学习过程，鼓励学生互评。学习终归是自己的事，教师的监督是始终让学生对自己的学业"上心"。当发现自己的发音不标准时，教师就应多模仿，也应及时给学生发送名人演讲的音频资料供学生模仿。当发现学生写作功底欠缺，教师就应指导他们多加阅读、积累词句，多下笔头功夫。

同时，教师也要对学生上交的写作练习及时给出批改意见。教师如果在翻译时遇到了困难，就应多去读读名家译作，学习名家的遣词造句方式，增加自己的文学素养。

### （四）信心树立，做学生的加油站

爱默生有一句名言："自信是成功的第一秘诀。"自信在通往成功的道路上所发挥的作用是毋庸置疑的。"争强好胜"是很多人从小到大都具备的心理特征。每一个人都有成功的愿望，希望自己比别人强，希望能得到教师的表扬和同学的认可。教师的肯定和表扬是树立学生信心的基石，能让学生的学习热情大涨，也能让学生情不自禁地努力。而教师的否定和批评会使学生丧失信心，进而失去学习的动力。因此，教师要有一双善于发现的眼睛，去捕捉学生的点滴进步，抓住契机，对学生加以肯定和鼓励，让学生体会教师对自己的期望和信任、体验成功的喜悦，满足学生潜在的"争强好胜"的欲望，增强他们自觉学习的主观能动性。即使学生成绩不理想，教师也要不失时机地给予他们鼓励，要帮助他们分析原因、找出解决方案，要有意识地给学生积极的心理暗示，告诉他们："你有能力，我相信你能取得成功。"在学生学习出现思想懈怠，甚至是惰性学习时，教师应及时指正，及时制止这种消极的学习情绪。但是，教师在指正时也是要讲究方法的。教师如果一味地批评，就只会导致学生的懈怠心理加剧，甚至是破罐子破摔。这时，教师应帮助学生分析惰性学习可能带来的严重后果，耐心劝说，鼓励他们重拾学习热情，在英语学习方面取得更大的进步；切忌口不择言，说些否定、伤害学生自尊心的话，以免给学生的心灵蒙上阴影。

自信的另一来源就是学生对自身能力的肯定。因此，教师要树立学生的学习信心，就要从培养学生的能力入手。这种能力应是全面的，尤其是在英语学习过程中，可以体现在地道的发音、流畅的写作、满腹文采的翻译、深厚的文学素养等方面。学生的信心很大一部分来自教师。莎士比亚曾经说过："赞美是照在人心灵上的阳光，没有阳光，教师就不能生活。"教师以鼓励代替批评，以赞美启迪学生潜在的动力，会使学生自觉地克服缺点、弥补不足，也会使学生怀着一种积极的心态创造出一种和谐的气氛。赞美就像荒漠中的甘泉一样能够让人心灵滋润。著名的“皮格马利翁效应（亦称罗森塔尔效应）”充分证明了这一点。教师只有表现出自己对学生的赏识才能使学生信心倍增。现在的学生大多个性张扬，善于展现自我。这种展现能让他们收获不小的成就感，这对他们树立自信显得尤为重要。但是，在个性张扬这种共性之下，也会有个性的体现。有的人天生胆大，好表现；也有的人羞怯，不自信。教师要做的就是打造一个公平的舞台，力推人人参与，并给予参与的人积极的鼓励。具体实践起来，教师可以广泛组织、展开以班级为单位的写作比赛、演讲比赛；按月举办与课题相关的展示活动；开展“读书月”活动，并举办美文小说阅读分享会；等等。

综上所述，学生也希望教师是多面手，能对他们学业的进步、精神的健康和个人的发展给予帮助。

## 三、大学英语教师角色的完善途径

### （一）完善教育的相关制度，为教师角色的完善提供制度保障

1. 完善大学英语教师专业化的评价标准

一般来说，专业化的教师要有独立的知识系统、特定的能力要求、特殊的伦理标准和人格要求，具体的评价标准包含以下五个方面，即学科专业水平、通识文化水平、传递知识的教学水平、育人的教养能力，以及独立的不同于其他的伦理标准、伦理和心理方面的人格，大学英语教师专业化的评价标准可参照此标准设立。

2. 改善高校教师的待遇

教师待遇与教师整体工作积极性、教师行业社会竞争力、教师社会地位呈正相关关系。改善教师待遇会吸引更多优秀人才从事教师职业，促进教师专业化健康顺利发展，使教师职业成为社会仰慕的一种高尚职业。一般来说

大学英语教学改革成功取决于三个重要因素。一是大学英语教师角色转变的顺利完成；二是大学英语新教学模式的最终确立；三是大学生英语自主学习能力和跨文化交际能力的真正养成。其中，教师角色转变是三者之中的大学英语新教学模式的角色要求，只有角色重塑成功，教师才能成为称职的教师。只有教师称职，新的教学模式才会真正得到贯彻执行乃至最终确立。只有称职的教师运用科学有效的教学模式，才能培养学生的英语自主学习能力和跨文化交际能力，造就合格的大学生。而教师角色的转变依赖于教师专业发展的内在驱动力和教师专业发展的外在机制。只有促进教师专业发展的内在驱动力，营造尊师重教的制度环境和社会风尚，教师角色转变才会随着大学英语教学改革的深入发展而逐渐完成。

### （二）鼓励教师的自主发展，为教师角色的完善提供必要的条件

教师自主发展可以说是教育体制中教师必须具备的一项专业特质，而这种专业特质可以通过教师教育或自我导向的专业发展过程来实现。教师的专业发展贯穿教师的整个职业生涯。从某种意义上说，教师专业发展的实质就是教师的自主发展。教师的自主发展包含教师的自我修养和自我完善。

1. 提高自我修养，坚定职业信念

教师自我修养必须以职业道德为核心。《中华人民共和国教师法》要求教师必须履行“遵守宪法、法律和职业道德，为人师表”的义务，因此，“教书育人”和“为人师表”理应成为教师职业道德修养的核心内涵。尤为重要的是，社会对教师职业道德的标准、要求和期望显然高于其他职业。教师除了必须遵守与其他社会成员相同的道德规范和行为准则外，还必须恪守社会对教师所期望的道德观念、职业情操和人格品质。“师者，人之模范也，无德者无以为师。”教师是为人师表的道德楷模。教师的职业是教书育人的神圣职业，教师的职业道德修养是全社会对教师职业不容置疑的价值期待，也是教师职业神圣的合理性依据。因此，教师专业发展应以教师职业道德修养为首要内容，否则教师专业发展将会因丧失价值理性而迷失方向。

2. 坚持终身学习，提升职业水准

教师的自我完善基于自我学习。面对教学改革和教学模式，教师只有重塑教育理念，更新知识结构，创新教学实践，研究教育对象，改革教学内容，不断地提高自身素质和转变自身角色，成为终身学习者、知识创新者和教学研究者，才能适应时代发展潮流和满足社会发展需求。教师在职业生涯中既是教育者，又是教育研究者。作为教育者，教师应该秉承终身学习的理念，不断地进行教学实践与研究、教学反思与探索，提升自己的专业素质，做终身学习的表率，维护自身的教师形象，满足社会对教师的角色期待。作为教育研究者，教师不仅是教育理论的实践者、教学实践的承担者，还应是教育理论的研究者、教学实践的反思者。教师不能照本宣科，而应当针对学生的实际情况进行教学，对教材进行适当的加工处理，对课程进行适当的调整，以创造性的教学带动探索性的学习，通过自己的思考启发学生思考，教给学生能借助自己的知识去获取新知识的能力，实现对教材和课程的超越。

3. 认清角色内涵，鼓励积极探索

美国学者特拉弗斯（travers）指出："教师角色的最终塑造必须在实践环境中进行，教师必须适时调整自己的角色期待和角色设定，探寻理论与实践的有效结合方式，在实践中摸索前行。"要填埋和充实理论与实际之间横亘着的鸿沟关键在于教师自身的努力，因为"最终焕发教师生命活力的是教师自身，唯有教师本人才能为自己描绘出真实的形象"[①]。而且，教师新旧角色之间的转换并不是接力赛的传送和交替，需要教师具有破釜沉舟的力量和勇气。教师如果缺乏这种前进的魄力和胆识，一味地守株待兔或作茧自缚，就只能在新旧角色的碰撞与交锋中，陷入左右为难、不知所措的旋涡。新角色的探索本身无章可循，有赖于教师在实践中的自我尝试和积极探索。因此，教师要认清自身角色的内涵，实现角色平稳且有效的转变。

① 王志林，沈琪芳．论教师自我教育意识 [J]. 湖州师范学院学报，2003(2)：79-83.

4. 协调角色关系，缓解角色压力

高校英语教师的角色并不是一成不变的，而是会因时而变、因势而变。从育人的角度讲，教师既要扮演学者，又要扮演“圣贤”；从培养人才的角度讲，教师既是知识的传授者、道德的示范者，又是学生集体的领导者和心理困扰的治疗者；从传递文化的角度讲，教师既要做旧文化的维护者，又要做新文化的启蒙者；从教师自身来讲，他们既是社会化的承担者，又是社会化的承受者，既是特殊的社会成员，又是普通的社会成员。总的来说，教师的角色是多维的，也是多变的。当角色之间产生矛盾冲突时，教师要努力适时调整。例如，教师的角色定位应当随着学生的阶段性变化而调整。当学生渴求知识时，教师应该成为智囊团给予学生思想点拨；当学生学习思想怠惰时，教师就应转变为监督员，及时敲响警钟；当学生学习陷入疲态时，教师就是加油站，始终为学生加油鼓劲。教师要树立一种“蜡烛观”，甘愿为学生付出自己，为学生照亮前进的道路。但是，这种牺牲并不是毁灭自己的牺牲，教师在照亮别人的过程中也在不断地汲取知识和营养，充实自己，升华自我的人格。此外，教师还应合理安排和协调扮演不同角色、处理不同问题的时间和精力，避免角色间的冲突；同时，也要掌握有效的压力调节方法，努力将角色压力调节到合适的水平。当教师的社会角色和个人角色产生冲突时，应以社会利益为重。教师承担着为社会培养人才的重任，小则关系学生的成长和发展，大则关系国家的兴衰。教师还应该具有奉献精神，能够牺牲小我、成就大我，当然这并不意味着他们要放弃自己的权益。因此，教师应正确地看待教师的角色冲突，树立一种发展的观念，寻找他我与自我的平衡及其中的最佳契合点，做到爱学生也爱自己，这才是一种最佳的境界。

# 第二节　英语教师的素质概述

## 一、教师素质的内涵及其重要性

教师素质，是指教师在专业知识学习和职业生涯发展过程中所获得的专业素养和能力。教师素质的内涵非常丰富，古代教育家所提倡的“为人师表”的师德要求、目前所提倡的“以人为本”的教育观，都不过是对教师素质某一方面的要求。现代教育体制体现出，一名合格的现代教师既要有高尚的师德、超人的才情，又要有深厚的学养。简言之，即兼具“学高为师，身正为范”的素质，这是教师素质的风向标，也是社会各界对教师素质的要求。教师是一个光荣而伟大的职业，也是一个对个人素质要求较高的职业。如果没有高素质的教师，就没有高质量的教育。随着我国不断全面深化改革，教育领域综合改革也在逐步深入，加快实现教育现代化的美好蓝图已经绘就。广大教师身处教育一线，对学生的需求最了解，对教育的问题最熟悉，对改革的必要性、重要性和紧迫性认识也更深刻。他们无疑是教育改革的先行者、主力军。如果没有广大教师的认同和参与，没有优秀教师的奉献和创造，没有教师热情和活力的迸发，教育改革就不可能达到预期的成效。因此，要想保证教育事业可持续发展，就必须提高教师队伍的整体素质。同时，只有在自身素养不断提高的情况下，教师在职业发展中才能更具优势。这是一个双赢的伟大工程。

## 二、大学英语教师应具备的素质

### （一）过硬的专业素质

大部分人都认为，高校英语教师一定要具备过硬的专业素质。高校英语教师的专业素质主要体现在专业基本功、知识面、教学能力等几个方面。只有英语基本功扎实、知识面宽广、教学能力突出的教师才称得上是专业素质合格的教师。

1. 扎实的语言基本功

首先，教师要具备母语专业知识，具有一定的英语语言技能修养，能够讲一口标准、流利的英语，其英语听、说、读、写、译的能力能够保证其胜任高校英语教学工作。其次，英语教师要具有语言词汇、语义学、句法学和语篇知识，英语语言学的理论修养较高。同时，英语教师还要具有良好的英语、汉语表达能力，对语言的本质和属性有深入、客观且正确的了解，这也是高校英语教师能传道、授业、解惑的前提条件。最后，英语教师应具有跨文化交际意识和跨文化交际知识。英语是世界上使用范围最广的语言，也是跨文化交际的重要工具。高校英语教学的一个重要目的就是培养学生的跨文化交际能力。因此，高校英语教师只有对英语语言形式之外的内容有所了解，才能具有较强的语用意识和文化敏感性，才能为英语教学打好基础。

2. 广博的知识面

所谓广博的知识面，就是指高校英语教师要具有丰富的文化知识，知识视野要非常宽阔，其涉猎、教授的知识不能局限于英语专业范围。换言之，知识面广博指的是学识渊博，其中所指的知识既包括语言本身，也包括社会文化知识，如英语国家的风土人情、民俗习惯和人际交往等文化知识。英语是一门语言，具有语言的工具性、综合性特征。教师只有具有一定的文化知识修养，立足于多种知识之上理解、解读英语背后的文化，才能厚积薄发，才能当好学生的引路人、世界文化的传承人。

3. 突出的教学能力

在专业素质方面，高校英语教师还应该具有较强的英语教学能力。英语教师较强的教学能力主要体现在以下几个方面：一是教学思路清晰，目标明确，能围绕目标进行教学。二是教学方法多样，教学手段灵活，在教学中既尊重学生的主体地位，又注意培养学生的创造力。三是教学评价方法客观而多样化，能看到每一个学生的进步，在学生学习评价上还能形成独到的见解。这与学界所提倡的教师要具有创新思维和创造能力、能采用多种教学评价方法推动学生发展具有相同或相近之处。

### （二）高尚的师德修养

教师是人类灵魂的工程师，肩负着教书育人、传授知识的使命，从事着太阳底下最光辉的职业。一名优秀的英语教师只有具有高尚的师德修养，才能真正完成社会赋予其帮助人、塑造净化人、影响人的光荣使命。高尚的师德修养主要体现在两大方面。

1. 高度的责任心

高校英语教师的责任心主要体现在以下三个方面：首先，在教学中，严谨认真，不放过一个知识点，不允许自己在治学方面出现错误；其次，在教学中，严格要求每一名学生，力求做到认真负责，不辜负社会和家庭的期望；最后，在日常教学之外，能严格要求自己，树立优良的教师形象，同时也乐于帮助学生，与学生进行平等交流。在工作、学习和生活中，教师要尊重、关心、平等地对待每一名学生，切实担负起自己的责任。

2. 强烈的爱国信念

从语言属性来看，英语起源于西方，因此，英语语法体系和语言文化必然要以西方语言、文化体系为基础。这也决定了这样一个事实，在高校英语教学中，教师和学生不可避免地要接触到西方文化，这也必然会给学生的价值观、人生观带来一定程度的影响。高校英语教师要树立坚定的爱国信念，将爱国主义教育渗透到英语教学中去，正确引导学生看待中西方文化的差异和冲突，教育学生既不要妄自尊大，也不要妄自菲薄，而是要怀着对祖国历史、文化、语言和传统的尊重之情去看待英语的应用，然后将英语应用到报效祖国的实践中去，兢兢业业、身体力行，为民族繁荣做出更大的贡献。

### （三）健康的情感心理

英语教学是一个知识交互、情感互动的过程，教师只有在思路清晰、情绪稳定的情况下，才能更好地完成英语教学任务。同样，教师只有将师生情、事业心融合到一起，才能形成一种强大的精神力量，进而带领学生进入忘我的精神境界。这也对教师的心理素质和情感素质提出了更高的要求。从调查数据来看，高校英语教师的心理素质和情感素质应达到如下要求：

1. 健康的心理

教师职业压力大，一些教师在职业发展过程中常常会因为不堪重负而导致身心饱受疾病困扰，出现焦虑、紧张、抑郁等亚健康状况，也或多或少地影响了教学效果。可以说，良好的心理素质、健康的体魄是教师从事工作、享受美好生活的前提。高校英语教师心理素质过硬的一个重要表现就是心理健康。具体地说，即教师能面对现实，能对自己有一个客观、深刻的认知，能有效地调节工作压力，避免自己因为压力过大或遭遇挫折而心理失衡，也能根据自己的兴趣爱好选择合适的休闲和娱乐方式、参与体育锻炼，还能在一定范围内有出色的表现，形成感召力，营造良好的人际关系，从而使自己保持良好的精神状态和高昂的工作热情。

2. 爱岗爱生

热爱教育事业、关爱学生是教师应有的职业情感。教师对教育事业和对学生的爱更多地体现在教学时的耐心、细心、热心和诚心上。教师只有爱教学、爱学生，才能在教学中避免简单的重复和机械的操作心理，才能将最好的东西展示、传授给学生，才能提高教学的趣味性、针对性和有效性；教师也只有热爱英语教学、热爱学生，才能在教学中认真总结经验教训，及时发现自己的问题，弥补自己在教学中的不足。进一步来说，教师只有热爱英语教学，才能严格要求自己，在教学中尽善尽美，才会想方设法培养学生的英语学习兴趣，进而提高学生学习的动力。

# 第三节　大学英语教师素养的完善途径

## 一、顶层设计，统筹规划，制订教师综合素质提升计划

高校要提高认识，将教师素质建设列入议事日程，践行“在学科建设中提升教师的科研能力、在课程建设中提升教师的教学能力、在现代信息技术与外语教学深度融合中提升教师的外语教育技术能力”[①] 的综合素质发展理念。

学科建设的主要内容包括科学研究、人才培养和队伍建设，其目标是增强学科的综合实力，提升学科的地位。英语教师的发展必须依靠英语学科的发展：学科强，英语教师发展的平台就大；学科弱，英语教师发展平台就小，甚至基本就没有。学科建设的重要载体是科学研究，主要体现在论文和专著、科研立项和成果奖等方面。只有科研强，学科方能强。学科的研究水平和综合实力是由学科全体教师共同打造的，因此，学科与教师之间是一种“互动关系”，建设一支结构合理、业务精湛、研究能力强的师资队伍成为学科建设的关键。英语学科在学科建设过程中要凝练研究方向、优化梯队结构、提升学历层次、重视团队建设，为优秀中青年教师脱颖而出创造条件。

课程建设是提升教师教学能力最主要的方法之一。目前，高校英语教学的特点是庞大的教学实践和内容比较单一的课程设置。大多数学校的英语教师课上得比较多，但与其他学科相比，其课程建设做得并不是太强。但是，重视教学并不意味着多上课，而是要进行课程建设。开展课程建设，有助于培养教师的课程意识，即教师对课程的自觉、对课程的基本认识，包括课程主体意识、目标意识、资源意识、生成意识、评价意识和反思意识。课程建设的核心是课程设计，涉及课程教学目标的设定、教学内容的选择与组织、

① 王守仁.高校外语教师发展的促进方式与途径[J].外语教学理论与实践，2017(2)：1-4.

教学方法和手段的合理使用、恰当的评价方法。课程建设有助于推进教学改革、开展教学改革，从而拓宽英语教师发展的主渠道，这不失为一条提升教师教学能力的有效途径。

现代教育技术能力是教师教学能力的重要组成部分。英语教学向来重视教育技术的使用，教育技术在外语教学实践中的作用经历了由辅助语言学习向支持语言学习转变的路径。①21 世纪的英语教学改革以推进教育信息化进程为特征，抓住了现代信息技术革命的契机，充分利用信息技术，建立基于计算机和课堂的新的教学模式。在信息技术与互联网发展日新月异的今天，"互联网 +"深刻地影响着人们的生活习惯、思维方式、经济模式等，促使知识学习、获得、产生的方式发生了巨大的变化，这些都给高等教育带来了史无前例的冲击、挑战和机遇。

展望未来，信息技术与教育教学的深度融合是必然趋势。为迎接智能型学习时代的来临，大学英语教师必须勇于实践，开拓进取，不断提高自己使用信息技术的意识和能力，在课堂教学设计与实施过程中融入并合理使用信息技术元素，"创建一个动态、多元的英语教学生态环境"，即现代信息技术支持下的课堂学习、在线学习、移动学习、翻转课堂等学习模式，慕课、微课等课程模式，以及大数据方法、互联网思维等新技术。②这种探索对广大英语教师来说是挑战，但也蕴含着新的机遇。一线英语教师在探索外语教学新模式、提升自己教育技术能力的同时，可以发现和创造无限多的发展机会。

① 郑友奇，杨春红.外语教育技术的学科蜕变[J].外语教学理论与实践，2016(4)：31-35.

② 郑友奇，杨春红.外语教育技术的学科蜕变[J].外语教学理论与实践，2016(4)：31-35..

## 二、倡导终身学习，完善知识结构，创新管理评价机制

### （一）完善知识结构

众所周知，英语教师在促进学生英语能力发展的过程中具有不可替代的作用。要想提高我国高校英语教育的整体质量，培育学生的英语综合应用能力，大学英语教师的专业素质是关键。具体优化策略如下：首先，要平衡大学英语教师学科知识结构，加强其对于薄弱环节知识的学习。英语教师应自觉、主动地把自己薄弱方面的知识作为自己在一定时期学习的主攻方向，一方面积极借助外力，接受各种培训，向专家、学者请教提升自己薄弱环节的方法与途径。另一方面挖掘自身潜力，采用脱产学习、在岗进修、自我学习等方式，尽快使自己的学科知识结构得到平衡；同时，尽快掌握定量研究和定性研究等外语教学研究方法，增强自身的科研和教学能力，通过强化补习自己的薄弱环节，促使自己的知识结构实现动态平衡。其次，要提升和完善大学英语教师的知识结构，扩展其专业能力。大学英语教师如果希望提升和完善自己的知识结构，扩展自己的专业能力，关键要从两个方面做起：一方面是把自己的教学体验与相关的理论原理进行比较联系，系统地学习相关的语言学理论，尤其是应用语言学知识，提高自己的语言素养和语言使用能力，了解最新发展动态，自觉地运用语言学知识指导英语教学实践；另一方面是多观摩其他优秀英语教师的教学活动，在具体的教学活动中积累、总结自己的教学实践知识，弄清楚自己教学成功或失败的原因，进行较系统的自我研究，通过研究别的教师的教学和通过在课堂上对有关理论的检验，了解科研与教学的关系，培养自己的科研意识，以科研带动教学，实现专业上的自我提升。再次，复合、创新大学英语教师的知识结构，培养紧跟时代发展的优秀大学英语教师。未来的大学新生有相当一部分可能已经达到了我们现在大学英语基础课程的教学目标，他们有的人已通过英语专业八级考试，有的已

通过大学英语六级考试，他们的听、说、读、写各项专业技能与过去的学生相比都已上了一个新台阶。那么，学生入校后将期待英语教师教给他们什么呢？英语教师必须也只能为学生开设针对各种具体实用目标的选修课、高级英语课、语言能力提高课，甚至是专业基础英语课。这意味着大学英语教师的基本任务要有一个较大的转轨，大学英语教师自身的知识结构面临一次全面的重新整合。[①]解决这一问题的最好办法就是让大学英语教师根据自身情况，选择经济、金融、外贸、教育、法律等专业，采取跟班旁听或攻读第二学位的办法去获取相关专业的专业知识，把自己培养成一专多能的复合型、创新型人才。

## （二）实施高校教师的“国培”计划

在职教师发展的渠道很多，比如进修、参加学术活动、培训等，而培训是解决教师知识缺乏、技能不足的主要途径。高校教师的发展不能寄希望于培训，而应该像基础教育一样实施“国培”计划，进行系统性的培训，以弥补非课程教学论专业毕业教师在语言、学习、教育、心理、教学技能等方面的缺陷，以及师范专业毕业教师现代教育理论和技术的缺失，不能坐等教师自己去读书学习。

## （三）构建英语教师学术共同体

对比其他学科教师，英语教师对学术共同体构建的重视不够。学术共同体是指一群志同道合的学者，遵守共同的道德规范，相互尊重、相互联系、相互影响，推动学术的发展，从而形成的集体。按马克斯·韦伯（Max Weber）的说法，学术共同体的成员必须“以学术为志业”。有不少英语教师并不真正以学术为“志业”，这也是英语教师对学术共同体缺乏关注的一个原因。但是，英语教师发展与学术共同体构建息息相关。学术共同体在推进知识的生产、传播和发展中发挥着重要作用，其成员通过学术的交流、探讨

① 杨忠，张绍杰，谢江巍．大学英语教师的科研现状与问题分析[J].外语教学，2001（6）：79-83.

和争鸣，相互启发、相互促进、相互提携。学术共同体以学术为旨归，排除非学术因素介入，可以保证知识生产活动的严肃性，有助于营造风清气正、崇尚学术的良好学术生态。由此可见，英语教师学术共同体的构建会直接影响英语教师的发展。现在不少英语教师缺乏学术共同体意识，做学问时作为孤立的个体存在，不关注国内同行的工作，不与他人发生关联。袁广林认为学术共同体的特征之一是对话与交流："学术共同体内研究者通过彼此充分对话，各专业就能找到新的视野，各学科就能找到新的活力，研究者个人就能够找到新的灵感，知识也就能够找到新的综合力量。①"学术创新与推进的路径是"接着说"，需要争辩和批判，"缺少质疑、争辩和批判，思想就会停滞，学术发展就失去了活力"②。英语教师学术共同体意识不强，导致部分人的研究工作是低水平的重复。学术期刊是学术共同体的重要平台，学术共同体由于学术期刊的滋养而形成和发展壮大。反过来，学术期刊又由于学术共同体的支撑而存续和发展。目前，英语教师潜在学术人员多、活跃学术人员少，必须通过培育学术共同体，增加活跃学术人员，促进英语学术研究的繁荣和发展。英语学科要构建学术体系，形成中国学派，在很大程度上也有赖于学术共同体的构建。另外，英语教师学术共同体也不仅仅关注论文发表。张松松等人对大学英语教师教育技术能力现状和发展进行调研，根据问卷数据分析结果提出的建议之一是建立以学科教师、教育技术专家和学科专家共同组成的学术共同体："该学术共同体为交流工作经验和方法，解决教学中遇到的问题，以及分享教学工作的心得体会提供了一个有效的平台，进而演化为基于教育技术的合作共同体，有利于进一步提升大学英语教师的教育技术研究能力。③"总而言之，学术共同体的形成可以为英语教师的发展创造必要的条件和环境。

① 袁广林．大学学术共同体：特征与价值 [J]. 高教探索，2011(1)：12-15.

② 袁广林．大学学术共同体：特征与价值 [J]. 高教探索，2011(1)：12-15.

③ 张松松，顾云锋．大学英语教师教育技术发展调研分析——以南京地方高校为例 [J]. 外语教学理论与实践，2016(4)：65-70.

### （四）构建学习型组织本位的管理体制

目前高校的管理仍旧是金字塔式的刚性管理体制，难以激发教师的主动性。要促进教师的发展，首先必须改变目前教师的心智模式，构建共同愿景，形成系统思考和团队学习机制，也就是构建学习型组织，尊重教师在教师发展、教师评价和教学管理中的主体地位。

### （五）完善评价机制

目前，高校对教师的评价多把学生评价、学习成绩或者教师公开发表的论文数量作为衡量教师水平的主要依据。评价忽略了教师的发展，忽视了教师的专业知识结构和基本教学技能的发展。高校有必要把评价和发展结合起来，以评价结果确定教师下一步的发展目标，制订教师的个人发展计划，使教师实现有针对性的发展。高校可以通过评价鼓励教师开展反思性教学，鼓励教师在自己的教学领域展开实践、反思，然后进一步去实践。

## 三、加强师德修养，坚定职业信念，发展健康心理

### （一）坚持“四有好教师”、以人为本的标准，加强师德修养

育有德之人，需有德之师。教师的职业特性决定了教师必须是道德高尚的人群。“有理想信念”“有道德情操”“有扎实学识”“有仁爱之心”是对师德的明确要求。同时，教师还必须坚持“以人为本”，这是强化教师素质的核心，也是高校教师德育工作的重要内容。教师是教学的主力军，他们的道德修养、仪表风范等都会给学生带来影响。教师工作的特殊性要求教师必须以人为本，要具有高尚的师德。教师的职业道德水平决定着整个教育工作的价值方向。教师在道德生活中的任何瑕疵都会对学生的道德成长产生错误的影响；教师在价值观方面的偏颇直接影响着学生内心正确价值信念的形成。因此，高素质教师队伍在建设过程中，必须坚定不移地把师德建设放在首位，建立健全师德建设长效机制；突出对教师国家责任感和社会使命感的教育，

带头践行社会主义核心价值观；进一步增强教师职前培养和职后培训中师德教育的针对性和实效性，使教师将师德素养内化于心、外化于行；严格师德考评，体现奖优罚劣，对师德败坏的个别害群之马实行“零容忍”；大力宣扬当代优秀教师阳光美丽、爱岗敬业、无私奉献、事迹突出的新形象，典型引领，注重感召，营造以德立身、立德树人的良好育人环境。此外，高校还要立足于社会和学生，开展教师教学评价活动，多角度地对教师教学质量、工作作风、道德水平、教学成绩做出评价，并将教师评价与年终考核、年度奖励挂钩，以提高教师队伍的自觉性和纪律性。

### （二）保障教师基本需求，提升教师的自我效能感，坚定教师职业信念

要坚定教师职业信念，首先必须保障教师的基本需求，这是坚定职业信念的基石。马斯洛需求层次理论中的缺失需要（包括生理需求、安全需求、归属和爱的需求、尊重的需求）强调了基本需求的重要性。对我国高校教师，特别是青年教师来说，必要的生活需求得到满足是决定他们能够坚定职业信念的前提。青年教师刚参加工作，肩负着成家立业的重任，收入如果不能满足其正常的生活所需，则必然会动摇其职业信念。国家应逐步提升高校教师的薪酬待遇，让高校教师“安居乐业”。更重要的是，国家和高校要提供机会进一步丰富教师的知识体系，开阔教师的视野，增强教师的创新能力，同时也可以定期举办相同科目和岗位的学习共同体。教师可以在这样的学习小组内，相互交流、分享教学经验和工作方法，探讨如何针对当今大学生的学习和心理特点开展相应的课堂教学，从而提升学生的学习动机和学习效果，使教师更好地胜任自身的岗位，并且在岗位上充分发挥自己的价值，增强教师的自我效能感，坚定高校教师的职业信念。

### （三）关注教师心理健康，改变教师的职业倦怠现象

高校可以根据实际情况成立心理咨询中心，每年为高校教师进行心理健康检查，为每一位高校教师提供心理评估报告，并对心理疾病严重者进行外

部干预和治疗；可以与校外的心理服务组织合作，定期举办心理健康讲座，指导教师掌握心理健康的理论知识，增强教师的抗压能力和自我调节能力。同时，高校应充分重视教师的价值，尊重教师、关心教师、依靠教师、理解教师，充分调动教师的积极性，发挥教师的主观能动性。因此，学校要扩大教师对其专业、学校教学及其他事务的管理知情权与参与权；增强高校工会活动能力，丰富高校教师的文化娱乐生活，倡导教师彼此交流与沟通，加强教师之间的合作；提升高校教师地位，明确行政管理人员的服务性角色，增强行政管理的灵活性和人性化，解决教师的职业倦怠问题。

# 第七章　数字时代下高校英语教师发展模式

## 第一节　虚拟学习社区的概念、功能及其实证研究

### 一、虚拟学习社区的概念

虚拟学习社区是具有共同兴趣及学习目的的人们组成的学习团通过相互间的交流、互动、讨论和协作等多种学习方式，共享彼此的观点、思想、资源知识、学习经验和集体智慧，从而促进知识建构和个体智慧的发展，达到学习知识和促进自身学习能力发展的目的。

在虚拟学习社区中，社区所有的成员有着共同的利益，都有创建和维护社区的权利和责任。虚拟学习社区通过虚拟空间，克服时空和区域的局限，可以提供一个方便的、有明确学习目的的多用户学习环境；便于学习者、教师与其他人的交流和合作，以及专家对学习者、教师的学习进行评价。

### 二、虚拟学习社区的功能

将虚拟学习社区运用到高校英语教师发展研究中主要有以下几方面原因：

### （一）人们学习的 70% 的知识来自非正式教育

虚拟学习社区通过网络为教师学习提供了合作、学习交流的空间，扩大了教师学习的时空，从而有利于教师的终身学习。

### （二）有利于隐性知识的获得

隐性知识很难获取、编码和传递，也很难通过传统的正式教育、培训和独立的在线学习获取，虚拟学习社区为教师隐性知识的传递和共享提供了一种途径，有利于教师认知能力和元认知能力的提高，从而推动教师专业素质的提高。

### （三）整合英语教师专业发展的多种途径

在构建面向高校英语教师专业素质发展的虚拟学习平台时，要有体现教师教学讨论、教学专题研讨活动、优秀教师教学展示活动、开展教研组活动等功能。而目前一些网络平台只提供课程资源的共享功能、教学科研论文的下载及论坛功能，尚未将教学研究专题活动、优秀教师教学展示活动、专家评价活动等整合到一个平台上，不利于高校英语教师专业素质的发展。

### （四）在线学习与虚拟社区的结合

虚拟学习社区是一种目的性更强的虚拟社区，是在线学习与虚拟社区的结合。虚拟学习社区与在线学习的主要区别在于：在线学习关注的焦点是学习内容，而虚拟学习社区关注的是教师与教师、教师与专家之间的互动。

虚拟学习社区是虚拟社区和新的学习模式的结合，学习是社区成员的共同兴趣，参与者在社区中要承担一定的角色，如管理者、学习者、指导者、助学者等。社区成员资格取决于学习环境、社区类型和目标。虚拟学习社区还意味着学习不仅仅要注重学习结果，而且更加注重学习过程，如小组学习、元认知学习等。学习者可以更加灵活地选择自己的学习方式，如基于任务的学习、基于项目的学习等。

基于以上因素，虚拟学习社区可理解为：在学习过程中，通过互联网虚拟媒体空间，一组共享语言和价值的人们基于一定的教学策务而进行交流与合作的学习。

## （五）虚拟学习社区中社交真实感的技术支持

许多研究显示，在线用户把计算机辅助通信作为高级社交媒体，社区中的学习者能使用异步文本信息表达交际情感。但仅仅依靠技术还不足以创建真正社区所需要的强大的凝聚力和社区认同感，强大的凝聚力和社区认同感还需要指导者和设计者为学习者创建学习者之间的社交真实感。

一个完善的虚拟学习社区应包括以下四个关键功能：

（1）协作服务：提供一个知识共享的学习环境。

（2）发现服务：帮助学习者抽取和分析学习社区里的信息。

（3）知识库：为获取知识提供知识管理功能。

（4）知识地图：为知识分类提供模式和图解。

根据目前对一些虚拟学习社区的调查，建立虚拟学习社区需要包括以下一些工具：

（1）Web 浏览：包括可达性、书签、多媒体和安全性。

（2）异步共享：包括电子邮件、公告牌、文件交换、新闻组等。

（3）同步共享：包括同步对话、白板、应用共享、虚拟空间、小组空间、远程会议、视频会议等。

（4）学习者工具：包括自我评价、进度跟踪、学习动机提升、学习技能提高等工具。

（5）课程工具：包括课程计划、课程管理、课程修订、课程监控等。

（6）课堂工具：包括教学设计、内容展示、测验。

（7）数据工具：包括在线标注、记录管理、分析与跟踪等。

（8）资源工具：包括资源搜索、信息挖掘和智能代理等工具。

（9）系统工具：包括认证工具、安全工具、资源监控、远程访问工具、故障恢复工具等。

（10）帮助工具：包括学习者支持工具、教师支持工具等。

## 三、虚拟学习社区的实证研究

在实证研究方面，CoVis，LabNet，Wired for Learning，Thought，Web-SMILE，CCL，CALE，CNB，TelNet，Net，KIE，School Net，TeacherNet 等，以及国内的亚卓布（Edu Cities）（台湾）和首都师范大学虚拟学习社区的构建大多收到了良好的效果。下面仅就部分项目 进行评述：

CoVis（ Learning through Collaborative Visualization）的设计是实践 社区（Community of Practice），该设计主要是针对特定学科的学习而进行的相关研究。CoVis 提供在线讨论、电子邮件、视频会议及其他万维网工具，将学生、教师、专家和实际工作者联系在一起，其学习方式以专题式学习、引导式学习和协作式学习为主。

LabNet 是用来协助中学学科教师专业成长的学习社区。教师通过 Web 浏览界面和网络数据库使用白板、聊天室、论坛、视频会议及电子邮件来进行交流、讨论及反思教学经验，以促进特定学科教师的专业教学知识与技能发展。

Wired for Leaming 是一个由 IBM 提供的可以促进美国 K-12 网上教育发展的计划，主要目的是建立合作性的学习社区。其主要目标包括：（1）帮助学生与教师在沟通过程中形成有意义的联结（Meaningful Connections）；（2）帮助教师通过协作性工具来改善教学并实现教师专业发展的目标；（3）帮助教师、学生及其他社区成员发布信息并共享。

Owlink 计划是由电信公司协助、由多媒体网络连接美国的五所公立学校及一所大学而开展的。其设计理念主要是通过师生使用信息技术来促进学习能力的提高。在这个虚拟社区中，师生可以共享与分享自己的成长（参见 http：//www.rice.edu / armadiiio / Owlink / ）。

亚卓布（中国台湾）是一个以“城市为隐喻”的虚拟网络教育城。亚卓布所坚持的理念是，不仅激励每个学生成为终身的学习者，而且还协助教师专业成长。虚拟网络教育城持续关注信息科技与教育的重要会议，不定期举办相关研讨会、座谈会，并借由教育工作者与学者专家的良性对话，为不同的族群提供各种各样的服务，主要包括：针对学生，提供在线教室、社区互动、个人服务机制与课后辅导学习等服务；针对教师，提供“勾选式”服务功能，协助教师建立班级网页，凝聚班级合力，提供教师在线研修、教案制作、专业对话与经验交流等服务；学校提供社区管理平台，增进教师与学生以及班级之间的情感交流；针对家长，提供联系教师、了解孩子学习状况、参与孩子在线学习活动的相关机制与功能。亚卓布是以构建学生学习生活平台为基本理念的信息化服务环境，设有全民学校（Educlasses）、学习护照（Learning Passport）、亚卓社区（Community）等栏目，提供满足学生和班级的服务，使学生和教师可以按照自己的需求来增减服务项目，从而成为终身的主动学习者。

首都师范大学虚拟学习社区是一个基于网络的智能教学系统，主要面向高等教育和基础教育。与国内的其他网络教学支撑平台相比，首都师范大学虚拟社区具有很高的智能性，主要体现在：它能够通过网络虚拟电子导师告诉学习者学习的内容以及学习的方法，推荐个性化的学习材料，帮助教师更好地了解学生的认知过程和学习困难，从而为学习提供个性化的教学策略。

首都师范大学虚拟学习社区为教师开展各种活动提供网络支撑，比如备课、授课、测评、管理和师生互动等。教师可以充分利用首都师范大学虚拟学习社区设计多种自主学习和研究性学习形式。该社区还支持实时和非实时两种合作学习方式，具有学习论坛和聊天室以及虚拟电子白板支持的合作学习功能。学习者通过“角色表演”和“结对评判”等形式按学习者、评论者和观察者的角色进行合作学习。

首都师范大学虚拟学习社区的实践表明，此网络支撑教学环境有助于教学改革，实现自主学习模式和开展研究性学习，提高教学质量。该虚拟学习社区体现了以下特征：重视每位学习者的学习特征差异；有利于学生分析问题、解决问题能力的提高；有利于培养学生的创新能力和实践能力；有利于激发学生的学习动力；有利于学生的可持续发展；学生不仅学到了学科知识，还同时掌握了利用网络进行学习的途径、方法与技术。

# 第二节　虚拟学习社区的相关理论概述

## 一、建构主义理论

在总结并批判继承了不同认知学派的教学理论基础上，建构主义提出了自己的教育与学习理论框架。

### （一）建构主义的学习观

（1）建构主义认为，学习不是信息简单地从外向内的单向输入，而是通过新信息与学习者原有的知识经验双向的相互作用而实现的，也就是学习者与学习环境之间互动的过程，是每个学生按照本身已有的经验与知识主动地加以建构，而不是被动地吸收信息。这里的建构是指新信息经过“理解”或“吸收”被感知，这是对新信息的意义建构。

（2）学习是“同化”与“顺应”之间的“平衡—不平衡—新的平衡”的无限反复的过程。学生原有的知识由于新经验的介入而发生调整和改变。由于“最近发展区”的存在，学生势必会从实际的能力实现中不断挖掘自身的潜力，通过认知组织建立起学习者主体的知识与经验的世界，从而达到一种“图式化”。这种“信息传递”的过程是通过学习者的创造性学习来实现的。

（3）建构主义的倡导者认为，知识不是由教师传授得到的，而是学习者在一定的情景（社会文化背景）下，借助他人（包括教师和学习伙伴），利用必要的学习资料，通过意义建构的方式而获得的。因此建构主义学习理论认为“情景”“协作”“会话”和“意义建构”是学习环境中的四大因素（或四大属性）。

## （二）建构主义的教学观

（1）建构主义倡导在教师的指导下，以学习者为中心的学习，也就是说强调学习者认知主体作用，同时又不忽视教师的指导作用。学生是信息加工的主体，是意义的主动建构者，而不是外部刺激的被动接受者和被灌输的对象。教师是意义建构的帮助者、组织者和知识的导航者。教师要充分发挥导向作用，激发学习者的积极性，发挥组织者的功能，帮助学生分析问题、解决问题，而不是一味地传授与传输知识。

（2）哥伦布式的发现者。教师要以学生为中心，深入了解学生的学习动向，针对学生的个性差异，帮助学生获得必要的、适应性的经验和预备知识，在“平衡—不平衡—新的平衡”的无限反复循环中，丰富学生的知识技能目标、策略目标和情感目标；要逐渐减少外部控制，逐步增加学生自我控制学习的过程；引导学生通过探索、发现、合作等方式进行学习。

## （三）传统教学模式与建构主义教学模式的区别

传统教学方式是以教为主，是“客观主义”“决定论”。在教学过程中，传统教学观采取教师传授模式，学生的主要任务是消化、理解教师所传授的课本知识。传统教学观强调教师和课本的权威性，使学生缺乏独立性、自主性的思维和判断能力。传统教学模式下的学习主要是以个体活动形式完成的学习活动。

建构主义强调以“学”为中心，它突出了意义建构中学生的主体性和自主性，学生是发现信息、主动参与信息加工的主体和知识意义的主动建构者，而教师则是学生学习的组织者、指导者和帮助者。学习者的个体差异（已有的知识、认知风格、学习态度、信心、动机、观念等）得到充分的肯定，每一项新的学习活动与学生已有的知识和经验直接相关，是动态的。学习过程不是单纯的知识传递，而是知识的处理和转换。教师的职责是帮助学生在“学”的过程中进行新旧知识的有机结合，重视在教和学的过程中培养学生分析问题、解决问题和创造性思维的能力。

建构主义教学理论强调学习过程中学习者的主动性、建构性。从传统的直观式教学到建构主义的能动教学、主动建构，无疑是教学理论的重大变革。这种变革适应新时代学生生理、心理、智力、多样性的发展趋势及要求，它对教学思想和理念的更新有着重要的意义。

### （四）建构主义理论对虚拟学习社区的指导意义

虚拟学习社区是建构主义理论应用的最佳场所，能够很好地满足“以学生为中心”的学习环境四大要素的构建，因此，建构主义理论对虚拟学习社区的建立和发展有着重要的指导意义。

虚拟学习社区的学习是以学生为中心的学习。在虚拟学习社区中，学生是学习信息加工的主体，是意义建构的主动者；学习者通过相互交流和沟通，相互支持，从而形成自己的意义建构。

虚拟学习社区强调情景对意义建构的重要作用。虚拟学习社区可以为学习者提供与实际情况相同的具有生动性、丰富性的良好的学习情景，展现多样的学习内容，学生可以获得更多的视觉、听觉、触觉、味觉等更多真实的体验。

虚拟学习社区强调协作学习对意义建构的关键作用。虚拟学习社区的所有学习者不是依靠个人，而是共同完成知识的意义建构，在这个过程中，虚拟学习社区及其管理者将为学习者提供各种协作的功能，从而方便学习者把搜集到的学习资源在网上发布，并同其他学习者一起共同评估学习资源。

虚拟学习社区强调对学习环境的设计。在虚拟学习社区中，学生利用论坛、小组讨论区、即时消息等交流工具和信息资源如文档、数据库、多媒体课件、资料库、网络图书馆等进行自由探索和自主/协作学习。

## 二、情境认知理论

### （一）情境认知理论的基本原理

自从布朗、柯林斯和杜吉德在他们的论文《情境认知和学习文化》中首次提出了情境认知和情境学习后，情境认知和情境学习已经成为一种能够提供有意义学习并促进知识向真实生活情境转化的首要学习理论。①

情境认知理论认为，知识是一种基于情境的交互活动，是在个体与环境交互的过程中建构的。情境认知与情境学习理论将研究学习的焦点集中在实践共同体里的学习者“合法的边缘性参与”上，是实践共同体基于情境的行动建构。

基于情境认知学习理论，理想的学习情境应该是：能够提供真实或仿真的学习环境，以反映知识在真实生活中的应用方式，为学习者理解、观察、模拟和经验互动创造机会；构建学习共同体和实践共同体，促进学习者对学习过程与结果的反思与评价。

### （二）情境认知与情境学习理论对虚拟学习社区的意义

在虚拟学习社区中，我们可以根据情境认知理论进行认知情境、合作情境和问题情境的创设。可以利用音频、视频、文本、图表和动画等，把学习者置于虚拟情境中，提高学习者的灵活反应能力、实践能力、自我反思能力和自我评价能力。虚拟学习社区可以通过交互工具创设合作学习情境，学习者通过合作的社会交互与知识的社会建构获得高级认知能力的发展、合作能力的培养和良好人际关系的形成。在虚拟学习社区中，学习者可以根据自己原有的认知结构和学习兴趣，参与到相应的问题探索、问题讨论和问题解决中，通过观察、概念工具的应用及问题的解决，形成解决问题的能力和高级认知能力。

① 甘永成.虚拟学习社区中的知识建构和集体智慧发展:知识管理与e-：earning结合的视角 [M]. 北京：教育科学出版社，2005.

## 三、社会互赖理论

社会互赖理论认为，积极互赖（合作）是产生促进性的互动，群体成员会彼此鼓励和促进学习上的努力；消极互赖（竞争）产生对抗性互动，群体成员会相互阻碍。在缺少互赖的情况下，个体之间不会有互动，个人都是独立工作而很少受干扰。

从社会互赖的角度来看，当虚拟学习社区中的所有学习者为了共同的目标而努力的时候，靠的是彼此间的相互依赖、相互勉励。

## 四、接触理论

接触理论关注社会互动关系的研究，提倡不同种族、民族、性别的学生在学习上的互动与交流，由此达到群体关系的和谐。接触理论的代表人物阿尔波特强调，单纯机械的接触，不能增进学习效果；只有发展成为合作性的关系，才能形成有效学习。接触理论适合于不同种族、不同年龄、不同性别、不同社会经济地位或不同能力的学生在一起学习。

在虚拟学习社区中，采用异质编组的形式，使具有不同的知识结构、思维方式、认知风格、智慧水平的学习者一起学习，可以起到优势互补、各展所长的作用。

## 五、学习动机理论

动机通常被定义为激发、引导和维持行为的内部过程，是激励和指引学习者进行学习的一种需要。主流心理学动机理论主要包括期待价值理论、目标理论、自我决定理论和归因理论。

期待价值理论主要包括成功期待、激励价值、成就要求、失败恐惧。在期待价值理论框架中，“自我效能感”和“效价”是两个核心概念。自我效能感指人们对自己从事某项工作能力的主观判断。在 Tremblay 和 Gard-ner 的扩展动机模式中，“效价”包括“学习第二语言的渴求”和“对二语学习的态度”两个要素。“效价”在一定程度上决定了行为的强度。

目标理论来自马斯洛的需求层次理论。在马斯洛看来，个体的行为由一系列从低到高的“需求”所驱动。在后来的研究中,“需求”被“目标”所代替。目标设定理论认为个体行为是由目标所引发的，为了使行为得以发生，必须设定目标并通过选择来实现。目标定向理论包含在学习过程中出现的两种截然不同的成就目标定向：掌握定向和表现定向。

自我决定理论认为在自我决定动机和控制动机之间存在不同类型的管理模式，各种管理模式通过内化进而形成一个连续的统一体。个体的自我决定意识取决于个体的自主性（行为取决于自己）、能力（感觉自己有价值，有一种成就感）和相关性（与他人的联系更为紧密）。

归因理论是从结果来阐述动机行为，因此可以从特定的动机行为来预测个体在某种情况下可能产生的学习结果。

虚拟学习社区的合作学习环境从以下几方面激发学习者的学习动机：问题情境的设计有利于满足学习者解决问题、掌握知识、技能的需要；新颖而有意义的协作活动可以引起学习者互动的需要，有效激发学习者的交往动机和成就动机；适时的反馈评价和奖励评价可以满足学习者自我提高的需要。

## 六、群体动力学理论

《荀子 · 劝学》中有“蓬生麻中，不扶而直”，说的是一个人所在群体的情况将决定其个人的发展状况。群体动力学创始人勒温也认为，要改变一个个体，最好从改变他（她）生活的群体入手。因此，对英语教师专业发展研究而言，从群体的角度来进行研究是非常有必要的。

信息技术的发展为从群体的角度研究教师专业发展提供了工具支持，网络信息平台的研发建设不但使教师个体间的关系变得更加密切，而且在促进教师群体内部的合作、促进教师群体知识的发展方面有着巨大的潜力，这都为从群体角度研究教师专业发展提供了必要的技术支持。

群体动力学研究的关键是从社会环境的角度来寻找和揭示群体行为与群体中的个体行为的推动力量。群体动力的发挥依赖社会系统，基于群体动力的高校英语教师发展系统是通过模拟社会系统软件的社会交互来实现的。

社会系统可以分成三个相互嵌套的层次——个体、群体、系统。其中群体是由个体组成，而系统是由群体组成。每个层次又分别有四个组成部分——分界线、流程、神经系统、交流通道。

社会系统的关键集中在个体与群体层次；分界线主要区分注册用户与非注册用户；流程主要是一些系统维护功能的建立；神经系统表现在其可定制性，以便应对不同的外部环境；交流通道主要是关注与其他系统的数据交流。

教师可以根据个人爱好、研究兴趣等情况来组建或参与团队；不同年龄段、不同发展水平的教师可以发挥各自的特长，以促进教师专业发展。

## 第三节　知识管理与虚拟学习社区

### 一、隐性知识管理理论

构建面向高校英语教师专业发展的虚拟学习社区必须遵循知识管理理论。迈克尔·波拉尼在 20 世纪 50 年代提出隐性知识的概念，并且最早对隐性知识做了较为系统深入的研究。他认为人类的知识有两种：一种是用书面文字、图表和数字公式等加以表述的知识，这种知识被称为显性知识；而另一种未被表述的知识，如我们在做事情的过程中所拥有的知识，这种知识被称为隐性知识。高校英语教师发展需要吸取教师的成功经验和相关的教学技能和策略，这些知识都属于教师的隐性知识范畴。

教师的隐性知识主要有以下三种：

（1）基于身体的隐性知识。这种隐性知识多植根于人类身体技能的运用或对于工具的使用。这类隐性知识必须经过反复的亲身实践和体验才能获得，如教师在课堂上对计算机的操作技能、课件的演示等，在这些活动中表现出来的操作技能及艺术技能都存在大量的隐性成分。

（2）基于言语的隐性知识。人类的语义中包含着隐性知识的成分，主体间沟通的上下文背景（语境）也存在大量的隐性知识。

（3）基于认知个体元认知的隐性知识。这种隐性知识体现为个体的心智模式、解决问题的方法、直觉、情感等方方面面。这类隐性知识一般通过师徒传授的方式获得。

日本学者野中郁次郎（Ikujirononaka）和竹内弘高（Tadeuchi）认为显性知识和隐性知识之间可以相互转化，知识创造是显性知识与隐性知识之间互动的一种螺旋式程序。他们提出了隐性知识和显性知识的转化模型——SECI（Socialization，Extemalization，Combination，Intemalization）模型。

根据 SECI 模型，隐性知识的转化主要有两种途径：隐性知识转化为显性知识的外化（EXternaliZation）和隐性知识转化为隐性知识的群化（SoCiaIiZation）。教师隐性知识的挖掘也可遵循这两种模式，常见的方法有下面几种：

（1）故事体方法。故事体方法是让隐性知识所有者以讲述故事的方式来完成外化的过程，并对这一过程加以记录。

（2）访谈。访谈分为个体访谈和团体访谈。

（3）对话交流。教师之间、师生之间的对话交流在知识的外化中起着重要的作用。

（4）导师制。隐性知识群化的一个主要方法是导师制。

知识管理的核心就是将隐性知识明晰化和更好地共享已有的知识，更有效地将思想转化为行动。

## 二、在虚拟学习社区中运用知识管理技术

### （一）充分开发和利用显性知识和隐性知识

在虚拟学习社区中运用知识管理的关键，就是要充分利用和开发各种形式的显性知识和隐性知识。虚拟学习社区中的显性知识主要来源于各种媒介以及个人或项目组的成果。虚拟学习社区的成员可以随时随地访问这种显性知识，从而达到资源共享。而隐性知识隐藏在个体的价值观、经验和文化中，要共享这些隐性知识非常困难；但没有隐性知识，就很难做到知识创新，隐性知识是知识创新的源泉。

### （二）运用虚拟学习社区的各种工具和手段

技术被认为是管理虚拟学习社区显性知识的有效工具，虚拟学习社区在建设时要充分考虑 Web2.0 技术所具有的交互功能，强调学习者彼此的信任感、身份认同、学习承诺及相互协作的欲望。

要建立虚拟学习社区成员之间的和谐协作的关系，增强社区成员的身份认同，可以利用过程管理和空间管理两种手段。

过程管理是指创建支持学习的组织机构和实践活动，以便鼓励虚拟学习社区的学习者更方便地创建、共享和使用知识。过程管理可以包括引入鼓励知识创新和共享的激励机制，也可以包括引入新的标准和实践活动，以保证虚拟学习社区的每一个学习者都有同等的机会访问知识库。

空间管理是指创建一个有利的学习环境，帮助虚拟学习社区的学习者彼此熟悉和了解自己的学习同伴。在这样的情境下，学习者逐步形成一种共同的语言系统和对意义的共享理解能力，学习者随之产生身份认同、彼此信任、相互承诺和知识共享。

### （三）虚拟学习社区的系统结构

虚拟学习社区基于浏览器 / 服务器（B/S）的三层体系结构，这三层体系结构分别为客户显示层、业务逻辑层和数据访问层。

客户显示层是为访问网站的用户应用服务的前台图形界面，有助于用户理解和高效地定位应用服务。业务逻辑层位于客户显示层和数据访问层之间，这个层次提供客户应用程序和数据服务之间的联系，主要功能是执行应用策略和封装应用模式。数据访问层是 SQLServer(结构化查询语言)，用来定义、维护、访问和更新数据，并管理和满足应用服务对数据的请求。它采用 ASP 技术实现用户界面与 SQLServer 数据库的动态连接。

这样的体系结构可以实现真正的瘦客户端，具备很高的稳定性、延展性和执行效率。

# 第八章　高校英语教师的信息化教学素养提升

面对全球信息化的浪潮，世界各国高度重视社会信息化建设。加快教育信息化的建设与发展，提高公民的信息化能力与素质，培养适应信息化社会发展的人才，以增强本国的科技竞争力，整体提升综合国力，是各国追求的目标。社会信息化离不开教育信息化，教育信息化不能没有教师的积极参与。世界各国在教育信息化进程中，都对教师教育信息化发展给予了高度重视。没有教师教育信息化，就不会有教育信息化的改革与发展，教师信息化教学能力的培养是教育信息化的关键环节。

信息化教学能力是以促进学生发展为目的，利用信息资源，从事教学活动、完成教学任务的综合能力。教师的信息化教学能力发展的目的是促进学生的发展，所利用的信息资源是介入教学中所有技术作用下的信息化教学资源，教师信息化教学能力是一种综合能力，它由若干信息化教学子能力构成，是信息化社会中教师专业发展的核心能力。

# 第一节　教师信息化教学能力概述

## 一、信息化社会与教师专业发展

### （一）基础教育改革对教师的要求

我国新一轮基础教育课程改革对教师的教学观念、知识结构、教学方式、教学能力等提出了新要求。新一轮基础教育课程改革，改变注重知识传授的倾向，强调形成学生积极主动的学习态度，从而要求教师由单一的知识传授者成为满足不同学生学习要求的帮助者、指导者、促进者，要求教师能够培养学生的创新精神与实践能力，培养学生终身学习的意识与能力，培养学生良好的信息素养。新一轮基础教育课程改革，使课程结构从单一走向多样、从分科走向综合。在信息化社会里，教师已不再是教学中唯一的知识来源，教学信息资源来源已多元化，教师的课堂教学权威已经被解构，从而要求教师具有新的课程观、教学信息资源观，要求教师从权威的课程执行者转为学习环境的创建者及教学信息资源的收集者、开发者和设计者。

新一轮基础教育课程改革，改变了学生的学习方式，体现了学生学习的主体性、参与性、探索性，要求全面发展不同学生的学习能力。要求教师转变教学方式，加强与学生的教学交往，培养学生搜集和处理信息的能力、获得新知识的能力、分析和解决问题的能力以及交流与合作的能力。新一轮基础教育课程改革，要求改变教学评价方式，改变传统评价过于强调的甄别与选拔，评价要促进学生的全面发展，倡导多元化的评价方式。课程改革对教师提出了各种要求，需要教师具有新的课程观，对教师的知识结构和能力素质提出了更高要求，需要教师转变传统教学方式，加强教学交往能力，教师教学能力的提升要促进不同学生的发展等。

### （二）教师专业发展对教师的期待

教师专业发展是目前教育领域普遍关注的话题之一，教学能力发展是教师专业发展的核心。教师专业发展期待教师具有终身学习的意识与能力，动态地实现自身知识的更新及教学能力的提升。要培养学生的创新精神与实践能力，首先需要发展教师的创新意识与应用实践能力，只有创新型的教师，才能培养出创新型的学生。教师专业发展需要教师具有一定的教学交往能力，既包括教师之间的教学对话、合作，以形成教师教学的集体智慧，也包括教师与学生之间的交流合作，以更好地完成教学，促进学生的全面发展。教师专业发展期待教师角色转变，由知识的传授者转变为学生学习的帮助者、指导者和促进者。教师专业发展不仅仅要求教师具有一定的教学能力，同时还需要教师有一定的学习资源开发能力和教学研究能力，尤其是教学研究能力。教师只有在教学实践中研究总结，才能有针对性地反思自己的教学，提高自身分析问题与解决问题的能力，从而有效地提升教学能力。在教学中研究，在研究中提高，以更好地促进教师的专业发展。

### （三）信息化社会对教师的挑战

教育信息化是社会信息化的重要组成部分，而教师教育的信息化发展，则是教育信息化发展的关键环节，也是促进教育信息化的重要力量。信息化社会中，教育思想、教学内容、教学方法等都发生了变革，对教师的知识体系和能力素质提出了挑战。

信息化社会中，教师的专业发展受到普遍关注和重视，世界各国都相继公布了教师有关教育技术的能力标准，开展了大量教师教学中信息技术应用能力发展的项目，为信息化社会中教师的教育技术能力发展提供了帮助与支持，在一定程度上，也规范了教师教育技术能力的培训与资格认证。

## 二、教师信息化教学能力的特点

教师的信息化教学能力，是教师在教学过程中，运用信息技术开展教学活动和完成教学任务的一种重要的特殊能力，它由一组能力组成，包括若干子能力。教师信息化教学能力是建立在教师信息化实践知识基础之上的，要在一定的信息化情境中形成和发展。教师信息化教学能力主要的特点有以下几种：

### （一）信息化教学能力的复合性

信息化社会对教师教学能力的要求，已不再局限于单一的传授知识和技能。教师的信息化教学能力既有传授知识、技能方面的能力要求，也有教学技术、技术化的知识内容、技术化的教学方法、技术化的协作教学等方面的能力要求；既有促进教师教学能力发展方面的能力要求，还包括促进不同学生信息化学习能力发展的要求；既有初级的信息化教学能力要求，又要具备更高层次的信息化教学能力素质。传统社会中教师的教学能力同样具有复合性的特点，但信息化社会中，由于信息技术要素的动态介入，使得教师的信息化教学能力更为复杂多样。尤其是现代社会教学信息来源多元化、学习资源环境数字化，使得教师的权威地位以及在教学中应发挥的作用发生了很大的转变。在信息化的学习环境中，对教师驾驭教学的能力提出了更高要求，期待教师的教学能力素质趋向于更加全面化的发展。教师不仅要有信息化教学知识内容的传授能力，更要具备促进不同学习风格和不同学习策略的学生实现信息化学习的能力，使因材施教在信息化社会中得以真正实现。因此，信息化社会中，教师信息化教学能力呈现出综合化、多层次化的特点，具有明显的复合性特点。

### （二）信息化教学能力的关联性

教师信息化教学能力是由一系列子能力构成的，但各个子能力又是相互联系、相互影响、相互作用、彼此关联的。首先，基本的教学能力具有能力发展的基础性。教师的信息化教学能力是建立在一定的教学能力基础之上的，如驾驭学科教学内容的能力、一般教学法的相关能力、基本的教学技术能力等，都是教师信息化教学能力发展的基础能力。其次，信息化教学的相关学科内容能力、信息化学科教学法相关能力等的形成与发展，也是教师将教学技术、学科教学内容以及学科教学法融合的过程，体现出能力形成与发展的融合性特征。最后，信息化教学能力发展中不同阶段的能力素质具有一定的递进性。教师的信息化教学能力素质，在不同的信息化教学能力发展阶段有不同的侧重。信息化社会中教师的各种教学子能力，只有通过在动态的发展中寻求新的平衡与协调，才能良性动态地形成与发展。

### （三）信息化教学能力的发展性

首先，为了适应不同的、复杂的信息化教学情景与信息化教学实践，以满足不同的学习对象的不同学习发展与能力要求，需要教师信息化教学能力动态地形成与发展，以适应动态发展变化的要求。其次，信息化社会中，信息技术更替周期逐步缩短，由此而形成的信息化学科教学与相关的教学方法，也同样需要不断发展变化，以满足相关教师教学能力变化发展的需求，适应新技术、新工具、新方法带来的变革。正是由于信息技术的时代发展引起信息化教学能力的动态更新与发展，所以需要教师主动适应这种动态变化的发展。再次，课程教学的改革与发展也需要信息化社会中教师能力的调整与改变，以适应教学改革与发展对教师能力结构提出的新要求，需要教师动态调整与发展完善自身的教学能力结构。最后，信息化社会中，教师自身的专业发展本身也是动态的、终身的。教师的专业化成长，需要教师在不同的职业发展阶段，不断完善和发展自身的教学能力结构。教师信息化教学能力的发展是有指向的，指向教师信息化教学智慧的创造，这种发展是终身的。

### （四）信息化教学能力的情境性

教师信息化教学能力的形成与发展需要一定的信息化教学情境实践，是在一定信息化教学情境实践中呈现出来的一种特殊的能力形式，具有明显的情境性特点。同一教学对象、同一教学内容，在不同的信息化教学情境实践中开展的学习活动，需要教师有不同的信息化教学能力去适应，以达到开展相应教学活动的目的。教师信息化教学能力不能脱离一定的信息化教学情境中主体实践的体验而单独存在，教师信息化教学能力的体现与发展，必须是在一定的信息化教学情境体验中完成的，没有信息化教学情境的实践性体验，就不会有教师信息化教学能力的发展。教师不仅要具有适应不同信息化情境中主体实践体验的能力要求，更重要的是，教师需要将不同信息化情境中教学的知识能力素质迁移到其他相关的信息化教学情境中，从而促进教师信息化教学实践能力的发展。

## 第二节　教师信息化教学能力构成

### 一、教师信息化教学能力的知识体系

信息化社会中教师教学能力的知识结构具有明显的层次性。依据教学中对教师教学能力的不同要求，我们将教师信息化教学能力的知识分为三个层次。第一层次包括学科知识、一般教学法知识、学科教学法知识和教学技术知识。这四类知识是教师信息化教学能力的知识基础。第二层次包括信息化学科知识和信息化教学法知识。这两类知识是教师信息化教学能力的知识主体。第三层次包括信息化学科教学法知识，是教师信息化教学能力的最高知识要求。

第一层次的知识是教师信息化教学能力的知识基础，具体知识内容包括：学科知识，主要指教师所从事学科专业的知识、概念、理论、方法以及相关联的学科理论内容等，是教师从事学科教学的专业知识准备。一般教学法知识，主要指教学的一般性原理、策略和方法等，可以完成教学的准备、教学

的实施、教学的管理、教学的评价以及对教学目标和教学过程的认识等，以促进教师教学和学生学习的一般性的教育教学知识。学科教学法知识，主要是学科知识和一般教学法的综合，这也是舒尔曼提出并得到广泛认可的知识，涉及对学科知识的表达、传输以及呈现等，以方便教与学的过程。教学技术知识，主要指广义上教学媒体和教学手段的应用知识，既包括教科书、粉笔、黑板、模型、教具等使用的技能，当然也包括幻灯、投影、广播、电视、计算机、互联网等应用的硬件知识与技能。

第二层次的知识是教师信息化教学能力的知识主体，具体知识内容包括：信息化学科知识，主要指教学技术与学科知识相互融合后的知识，教学技术使学科知识以信息化的方式更方便、更灵活地表达、呈现与扩展。当然，也可以根据具体的学科内容选择合适恰当的教学技术。信息化教学法知识，主要指教学技术与一般教学法融合后产生的新知识。教学技术介入教学过程后，教学中的要素发生了变化，在教学技术的作用下，既会巩固拓展原有的教学法，也会因此产生一些新的教学方法，如网络环境下的探究式教学、协作教学及基于信息技术环境的情景教学等。

第三层次的知识是教师信息化教学能力的最高知识要求，具体内容包括：信息化学科教学法，主要指教学技术与学科知识、一般教学法融合后产生的一类特殊的知识，是教师信息化教学能力的最高知识要求，也是教师信息化教学能力发展中，教师获得知识的最高境界与追求。这类知识已经超越了学科知识、教学法知识、教学技术知识的各自内涵，是三类知识的融合与动态平衡，可以在具体的学科教学中，运用合理恰当的教学技术，设置适合学生学习的信息化教学情境，拓展教师的信息化教学，以更好地促进教师信息化教学能力的发展，促进学生信息化学习能力的发展。

教师信息化教学能力的知识核心则包括教学技术知识、信息化学科知识、信息化教学法知识及信息化学科教学法知识四个方面。

## 二、教师信息化教学能力的结构

知识是能力的基础，知识需要转化为能力。能力是知识的目的，是运用知识解决问题的能力。能力的体现既要综合运用知识，又要分析解决具体问题。教师的信息化教学能力是信息化教学能力知识体系与信息化教学实践的有机统一。教师的信息化教学能力可以划分为六种子能力：信息化教学迁移能力、信息化教学融合能力、信息化教学交往能力、信息化教学评价能力、信息化协作教学能力，核心是促进学生信息化学习能力。

### （一）信息化教学迁移能力

教师信息化教学迁移能力的实质主要有两个方面：一是不同信息化教学情境中的教学适应能力迁移，即横向迁移。二是信息化教学知识技能的转化迁移，即纵向迁移。教师信息化教学迁移能力是教师信息化教学能力的基础能力，也是教师信息化教学能力可持续发展的重要条件。

1. 信息化教学纵向迁移能力（转化迁移）

主要指教师将学习获得的知识技能应用于解决信息化教学中的实际问题，应用于现实的信息化教学活动中的能力。教师通过学习所获得的信息化教学知识与技能，需要将其应用于实际的信息化教学情境中，解决现实中的各种信息化教学问题。对于信息化问题的有效解决，就需要通过迁移，从这个意义上看，迁移也是信息化教学知识技能向信息化教学能力转化的关键。通俗地说，就是学以致用。

2. 信息化教学横向迁移能力（适应迁移）

一种信息化情境下的教学活动，在另外一种新的信息化教学情境中未必适用。信息化教学横向迁移能力主要指教师将一种信息化教学情境中的教学经验创造性地应用于其他新的信息化教学情境中的能力，是教师对原有信息化教学能力结构的拓展与延伸。在信息化教学情境中，教师对教学情境的把握、教学活动和教学方式的策略选择、教学媒体的应用、教学活动的程序等，都要依据自身的相关教学经验和借鉴他人的成功做法。通俗地说，就是举一反三、触类旁通。

### （二）信息化教学融合能力

信息化教学融合能力具体包括三个方面的子能力：

1. 信息化学科知识能力

这是指信息技术与学科知识的融合能力。信息技术与学科知识相互融合，会形成学科知识的新形态。原有学科知识形式的新呈现、内容的新拓展，是需要教师将学科知识信息化的一种能力要求。

2. 信息化教学法能力

这是指信息技术与一般教学法的融合能力，是信息技术与一般教学法相互融合后，形成的一类新的知识类型，需要教师具备将信息技术与一般教学法融合，同时还需要教师能够驾驭信息化情景中的一些基本的教学原理、方法与策略等。

3. 信息化学科教学法能力

这是指即信息技术与学科教学法的融合能力。信息技术与学科知识、一般教学法相互作用形成的一种特殊知识形态，需要教师具备教学技术知识、学科教学法知识，当然更需要教师将教学技术与学科教学法融合的能力。只有将信息技术与学科内容知识、教学法相互融合，发挥各类知识内容与各种方法策略的优势，才能使教师在新的学科知识形态和新的学科教学方法与策略的基础上，实现教学效率和效果的有效提高，才能使教师的信息化教学能力得以有效提升，从而促进不同学生学习能力的全面发展。

### （三）信息化教学交往能力

信息化教学交往能力，是指教师和学生在信息化教学情境中，彼此交换思想与感情，促进师生间的交流与沟通，以实现学生能力发展为重要目标的一种教学能力形式。信息化教学交往能力是教学活动中师生的信息化互动，是信息化的教学交往实践，体现了教学中教师与学生之间的关系。信息化社会中的教学既是知识、技能的传授，更是学生学习能力发展的促进，因此需要教师与学生间有效地交往。信息化教学中的教学方式体现出选择化和互动化的特点，相应的，学生的学习方式也走向了合作、对话、交流、探究与实践等。教师的信息化教学交往能力包括课堂信息化教学交往能力和虚拟信息化教学交往能力。

1. 课堂信息化教学交往能力

这是指在课堂信息化教学情境中，教师与学生的教学交往能力。在课堂信息化教学情境中，需要实现师生之间的多元化教学交往，需要定位师生之间新的教学交往关系与角色。教师是信息化情境中学习过程的设计者、学习资源的开发者、学习活动的组织者、引导者和管理者，学生是积极主动的学习者。在课堂信息化教学情境中，教师要与学生实现信息化的交流与沟通，实现与学生的平等对话。教师也要对学生的信息化学习过程进行指导，让学生在信息化环境中学会学习。教师还要对课堂的信息化教学活动合理协调，保证课堂信息化教学活动的有序顺利开展，既有对学生学习的协调，也有对教学活动序列的协调。教学协调能力是教师课堂信息化教学交往得以有效进行的保障。教师的课堂信息化教学交往能力，是促进教师有效教学和学生有效学习的重要能力指标。

2. 虚拟信息化教学交往能力

这是指在虚拟的信息化教学情境中，教师与学生的教学交往能力。信息化教学交往能力，在更多意义上指的是虚拟信息化教学交往能力，在虚拟的学习环境中，师生之间的有效教学交往是保障学生学习顺利开展的前提条件。

在内容上，虚拟信息化教学交往能力，主要包括教师为学生提供虚拟学习环境中的学习支持，监控学生在虚拟学习环境中的学习行为，对学生学习中遇到的各种问题，能够通过虚拟的学习环境提供尽可能的帮助。在形式上，虚拟信息化教学交往能力，主要包括教师与学生个体之间的虚拟信息化教学交往，教师与学生群体之间的虚拟信息化教学交往，学生与学生之间的虚拟对话交流与合作交往等，实现多元化的信息化教学交往。

### （四）信息化教学评价能力

教师的信息化教学评价能力，主要是指教师对信息化教学和学生的信息化学习做出合理的价值判断，调适信息化情境中的教学行为，规范指导学生的学习行为，以实现教学过程的优化。信息化教学评价，既关注对教师的教学评价，更强调针对学生的发展和学生整体素质提高的评价；既关注结果的评价，更强调过程的动态评价。信息化教学评价体现出发展的、全面的、多元的、动态的特点。教师的信息化教学评价能力可以分为两类：学生信息化学习的评价能力和教师信息化教学的评价能力。

1. 学生信息化学习的评价能力

信息化社会中的教学评价，既要关注学生个体的发展和个体的差异，同时也要关注信息化情境中学生创造性的学习能力和综合素质的提高；既要关注对学生信息化学习中知识技能的评价，也要关注对学生信息化学习中实践能力发展和情感培养的评价；实现从单一的评价方式向促进学生全面发展的评价方式的转变。学生信息化学习的评价具有很强的导向性，强调以促进学生信息化学习能力的发展、创造性实践能力的提高为评价的主要价值取向。

2. 教师信息化教学的评价能力

关于教师信息化教学能力的评价，关注以促进教师有效教学为目的的教师信息化教学质量评价，是相对注重结果的评价，更加强调以促进教师专业发展为出发点的发展性评价，以帮助教师不断提高自身的教学能力和相关业务水平，实现针对教师信息化教学的过程性动态评价。

### （五）信息化协作教学能力

传统意义上的教师协作教学，一般是指教师在备课、教学观摩、教学活动、科学研究等方面的有效协作。信息化社会为教师协作教学提供了可能，拓展和延伸了教师协作教学的能力。

联合国教科文组织《信息和传播技术教师能力标准》在“知识深化办法”模块中，提出“教师应能够运用网络资源来帮助学生开展协作、获取信息和与外部专家进行沟通，以分析和解决特定问题”。就教师的职业发展方面，强调“教师必须具备技能和知识，以创设和管理复杂的项目，并与其他利用网络来获取资料的教师、同事和外部专家合作，促进自身的职业发展”。同时，联合国教科文组织《信息和传播技术教师能力标准》在“知识创造办法”模块中，进一步强调“教师必须能够打造基于信息和传播技术的知识团体，并运用信息和传播技术来支持培养学生的知识创造技能及其持续不断的反思型学习”。对于教师的职业发展，进一步提出了“教师应能够发挥领导作用，训练同事，并建立和执行一个关于其学校的远景：一个以创新和持续学习为基础并因信息和传播技术而更加丰富多彩的社区”。

美国《面向教师的美国国家教育技术标准》（2008 版）中也明确提出，教师应能够“与学生、同事、家长及社区成员合作使用数字化工具和资源，支持学生有效学习和创新能力发展。”，应能够“使用各种数字化时代的媒介和方式与学生、家长及同侪就一些信息和想法进行有效沟通”。

信息化社会中，教师需要发展信息化教学协作能力与信息化教学集体智慧，需要利用数字化网络资源与同事、专家合作，打造基于信息和传播技术的集体教学知识和多元化的集体教学能力，以支持学生的有效学习和创新能力的发展，同时促进教师自身的职业发展。有关教师信息化教学协作能力的相关研究，各个国家目前已开始广泛关注，也是当前教师信息化教学能力发展研究的新领域，是各国对教师相关教育技术能力的新要求。

### （六）促进学生信息化学习能力

信息化社会对教师的教学能力提出了新要求，学生相应的学习能力也发生了变化。以往的相关研究注重信息化环境中，教师有效教学能力的提升和对于教师专业发展的促进。目前，人们更多地把研究的问题聚焦于学生的能力发展方面。也就是说，教师教学能力的发展是为了促进学生学习能力的发展，从各个国家的有关教师教育技术能力标准的要求中，能看到这种变化趋势。我们也认为，教师信息化教学能力的发展，是为了促进不同学习风格和策略的学生信息化学习能力的发展。换句话说，虽然关注的是教师的信息化教学能力的发展，但发展这种能力的目的是促进学生信息化学习能力的发展。因此，我们在关于教师信息化教学能力的结构图中，将“促进学生信息化学习能力”放在了其他教师信息化教学系列子能力中间，其他子能力的发展是为了促进学生信息化学习能力的发展，是为了促进具有生命活力的人的全面和谐发展。

# 第三节　教师信息化教学能力的发展策略

## 一、信息技术作用下的教学走向

人类从工业社会进入信息社会后，机械化、工业化、规模化的教育信息批量生产受到了莫大的冲击，信息技术使教学时空、教学内容、教学资源、教学方式等都发生了巨大变革。

1. 教学时空走向开放

信息化社会中，教学的物理时空得到了拓展和延伸，使教学早已超出了校园的围墙。信息时代的学习，将不仅仅是在课堂与教师面对面的教学中完成，也可以在不同的学校、不同的地区、不同的国家，或是在地球的任何角落，满足不同的学习者不同的学习需求。学习者可以是“在场式”的学习，也可以是“在线式”的学习，还可以是“在场式”学习与“在线式”学习的有机结合。信息技术作用下的教学时空，已经从封闭走向了开放。

在教学的物理空间延伸的同时，师生的情感空间和心理空间也得到了扩展。传统社会中教师的权威早已被解构，单一课堂教学中的师生关系已经演变为网络虚拟空间中带有各种不同学习需求、来自不同国家与民族的各类学习者之间的情感与心理交融，师生关系也已经包括网络虚拟空间中素未谋面的教师与学生之间的教学交往与交流。同时，教学中的教师，也并非是唯一的教学信息来源。信息化社会的教师协作教学也将变得更为可能与现实，教师教学中的各种协作与交流将更为广泛有效。

2. 教学内容走向仿象

传统课堂中的教学，教学内容呈现的多是文字和语言，虽然也有一些直观生动的教学手段和教学工具，但教学内容的抽象化程度依然较高。而信息技术作用下的教学内容，更具仿象性。教学中大量的图片、声音、动画、视频等多媒体表达元素，使抽象的知识内容变得更加直观具体。事实上，自从出现了专业教师，其教育教学的抽象能力一直在逐步增强。然而，这种抽象事物的能力，要通过更多的形象和直观具体地去表达，从而实现对抽象知识或事物现象的更好理解与认识。从这个角度看，教师的专业发展既是其抽象事物能力逐步增强的过程，更是其利用多媒体表达手段，形象直观地表达抽象知识和事物现象能力逐步发展与成长的过程。因此，信息技术作用下的教学内容，通过更多的直观形象表达方式，使教学内容从抽象走向了仿象。

3. 教学资源走向统整

信息技术使优质的教学信息资源实现有效共享，教学资源从分散走向了统整。信息的最大特性莫过于其共享性，而信息化社会中，教学信息资源实现了真正意义上的有效共享，体现了学习者获取教育信息资源的便利性和平等性。信息技术作用下统整的教学信息资源，既可以满足不同学习者的学习需求，也有助于改善教师的教学，丰富教师教学信息资源的选择。统整的教育信息资源，使教学信息来源多元化的同时，也促进了教师的信息化教学能力发展，学生的信息化学习能力也得以增强，从而加速了教育教学的信息化发展，推动了整个教育信息化的进程，乃至深化了整个社会的信息化发展。

4. 教学方式走向个性

信息技术作用下的教学方式，使不同学习者的不同学习需求得以真正实现，教学方式从一统走向了个性。传统教学中的共性与个性问题，虽被人们广泛关注，但始终似乎是教学中的“死结”，在传统教学中难以得到有效解决。信息化使教学方式中的共性与个性问题找到了解决的有效途径，使真正的因材施教成为可能。不同的学习者，既可以根据批量化的教育信息资源，实现统一进度的学习，更重要的是，也完全可以根据个性化的学习需求，实现量身定做的“自助式”“订单式”学习，使学习更具个人色彩，真正体现学习者的主体地位。学习者可以按照不同的学习兴趣，自由地选择学习时空、学习内容、学习方式等，以满足在信息时代个性化的学习需求。

## 二、教师信息化教学能力的发展策略

### （一）教师信息化教学能力发展的特点

教师信息化教学能力的发展，符合能力发展的一般规律，但也有其自身发展的特殊性，教师信息化教学能力的发展是动态的、系统的、有指向的。

1. 教师信息化教学能力发展是动态的

教育的发展和教学的改革，需要教师的不断成长，教师的专业发展也需要教师能力素质的不断提高。作为介入教师信息化教学能力中的教学技术，更是具有发展的时代性。因此，教师信息化教学能力并非是固定不变的，而是处于一种动态变化的状态。在不同的历史时期、社会背景、教育背景下，教师信息化教学能力的要求是动态的、变化的、不确定的，但也是有指向的，教师必须适应这种动态变化的不确定性要求。同时教师信息化教学能力的发展也是动态的，这种动态性是教师信息化教学能力不断发展、不断完善、不断提升的过程，也是适应社会的变化，不断更新知识和能力素质、追求新知的过程。动态发展的动力既来自学习、教学实践和协作教学等，更直接来自教师信息化教学能力发展的情意和发展的自主性，需要教师具有自主学习、终身学习的意识与能力。

2. 教师信息化教学能力发展是系统的

教师信息化教学能力的发展，绝非“哪儿有病医哪儿”，也绝非简单的“查缺补漏”，而应该是“源头活水”。

首先，教师信息化教学能力的发展不能仅仅依靠职前的知识技能学习，也不能单一地依靠在职参与的一些能力发展项目。教师信息化教学能力的发展，既有知识技能方面的结构要求，也有其自身能力方面的素质要求，是知识技能与能力素质的一体化发展。

其次，教师信息化教学能力在不同的发展阶段有不同的发展侧重。职前教师的能力发展，更加侧重知识的积累和技能的模仿体验，在职教师的能力发展，更加侧重不同信息化教学情景的能力迁移、融合和具体的信息化教学实践。职前能力发展和在职能力发展既有不同的侧重点，又有发展的一体化紧密衔接。

最后，教师信息化教学能力的发展不仅仅是教师个体的专业化成长，更是关乎学生的成长、教育的发展和社会的发展。教师的信息化是教育信息化的关键环节，教育信息化也是社会信息化的重要组成部分。教师信息化教学能力的发展已经不再是单一的个体内部成长，而是关乎个体外部的诸多关联要素。从教师个体成长到促进学生、教育和社会的发展，体现出了发展的系统性。

3. 教师信息化教学能力发展是有指向的

教师信息化教学能力发展是一个有目的、有指向的过程。从教师信息化教学能力发展的知识结构看，寻求教师的信息化学科教学法知识是其归宿，而教师整体知识体系的发展指向了教师信息化教学智慧的创造。从教师信息化教学能力发展的能力结构看，教师自身信息化教学能力的提高、实现教师的专业发展是其归宿，而教师自身能力素质的发展指向了学生信息化学习能力的发展和学生的成长。教师信息化教学能力的知识结构和能力素质发展，都有明确的指向性。

## （二）教师信息化教学能力发展的策略选择

教师信息化教学能力发展的促进策略，可以从宏观策略、中观策略、微观策略三方面分析。其中，宏观策略是促进其发展的外部环境条件，中观策略是促进其发展的方法论，微观策略是促进其发展的内部系统和直接条件。

1. 宏观发展策略

宏观层面的教师信息化教学能力发展策略，主要是促进其发展的外部环境条件策略，主要包括社会发展的需求、国家政策的保障、教育改革的引导、学校组织的支持以及教师成长的动力。

（1）社会发展的需求

人类已经从工业时代步入信息时代，信息技术影响和改变着人们的工作、学习和生活方式。现代社会已经是一个高度信息化的社会，信息社会的一个重要特征，就是信息量激增，知识更新周期缩短。教育的信息化是社会信息化的一部分，教师又是教育信息化的重要关键环节。信息技术融入教育领域后，教学的方式、学习的方式、教育信息资源、教学环境以及人们的思维方式等发生了巨大变化。教师要适应信息化社会的发展与变化要求，就必须主动实现其自身角色转型、提升自身的能力素质。也就是说，信息化社会中的教师，既要具有一定的信息素养，还要实现自身角色的转变，更要发展教师的信息化教学能力。

信息化社会需要培养出具有创新精神和实践能力的信息化人才，这就首先需要教师实现自身的信息化发展。应该说，信息化社会呼唤教师的信息化发展，信息化社会中教师的能力，尤其是教师的信息化教学能力，是时代赋予教师的责任与使命。因此，教师信息化教学能力的发展，是信息时代对教师的能力要求，也是信息技术深入渗透教育的发展需要。

信息化社会对教师能力发展的期待，要求教师在学习学科专业知识、懂得一般教学法和学科教学法的同时，还要熟练掌握教学技术的知识与能力。在此基础上，要求进一步学习信息化学科知识、信息化教学法知识和信息化学科教学法知识。在信息化教学实践中，逐步生成为教师的信息化教学智慧。从这个意义上看，教师的教学技术能力是教师信息化教学能力发展的技术基础，教师的信息化教学知识和信息化教学实践是主体，信息化教学智慧是归宿。

（2）国家政策的保障

教育信息化是当今教育发展的潮流与趋势，世界各国都十分重视教育信息化的发展。从专门针对信息化社会中的教育规划、教育改革方案，到教育信息化基础设施、教育信息资源、教师信息技术与能力培训等，从国家政策层面给教师的信息化发展以支持与保障。相关的研究，前文已经做了具体论述。从教师信息化教学能力发展的策略看，各国的政策支持与保障，集中体现在相关通用教师教育技术能力标准的颁布与实施、教师相关信息技术能力的国家层面的培训项目支持等。

应该说，随着时代的变化发展，各国都在加强开展教师相关信息技术能力培训的同时，不断地调整对教师的相关能力要求。如美国公布的《面向教师的美国国家教育技术标准》（2008 版）已历经四次修订，新加坡的 Master Plan（简称 MP 项目）规划也是经历三次修订，并于 2009 年年初公布了最新的 MP 计划。各个国家都随着时代的发展，相继调整自己的教师教育技术能力标准与能力发展项目，这是适应了时代变化的要求。我们所主张的教师信息化教学能力动态发展的观点，也正是基于此。动态变化并非是难以确定，而是顺应了时代变化的需要。通用的相关教师教育技术能力的标准，既是对教师相应能力的规范，也是对教师相关能力发展项目的引导。

（3）学校组织的支持

学校是教师教育教学活动的场所，也是教师教学能力发挥的平台。促进教师信息化教学能力发展的所有外部条件中，学校是最直接的促进因素。下面主要从校长的支持、资源的准备、培训的参与、教学的交流等几个方面分析。校长对于学校的发展有一定的驾驭和引导责任，与教师存在着领导与被领导的关系。校长对于教师的信息化教学能力发展的促进策略，集中体现在两个方面：一是校长对教师信息化教学能力的认识。二是校长对教师信息化教学能力的认可。教师信息化教学能力的发展需要来自学校层面的理解、支持、引导、帮助，既包括校长给予教师的精神鼓励，还包括必要时的物质激励手段。校长对教师信息化教学能力的认可，要在学校形成一种能力发展的氛围，这样才有利于促进教师信息化教学能力的发展。

教师信息化教学能力的发展，需要在一定的信息化教学情景中完成。因此，学校相应的信息化教学基础设施建设和教育信息化资源的设计、开发与准备是必不可少的。学校既要完善基本的教学设施建设，也要加大对信息化教学基础设施的配备力度。

在职教师的相关信息技术应用培训，是教师信息化教学能力发展阶段性促进的重要环节。学校可以鼓励，甚至是有计划地安排教师参与相关的信息技术能力发展项目培训，或专门针对本校学科教师的实际情况，组织教师参与校本培训。在职教师的培训，是促进教师信息化教学能力发展的重要方式和渠道，学校应给予足够的重视与支持。

学校有责任引导、组织学科教师开展信息化教学的研讨、观摩，开展教师间的信息化协作教学，包括信息化教学集体备课、集体讨论、集体教学研究等。学校既可以组织面向本校教师的信息化协作教学交流，也可以利用网络等方式，促进不同学校、不同地区，甚至是不同国家的相关学科教师，开展教学交流与对话。既可以是教师间的协作交流，也可以是教师与学生、教师与专家的交流对话。充分的教学协作与交流，有利于教师信息化教学能力发展的经验共享。

（4）教师成长的动力

教师信息化教学能力的发展，外因是条件，内因是根本，发展的最终内驱力，来自教师本身。因此，教师对信息化教学能力的自信心、正确的态度、时间保证、知识的准备等，都是教师信息化能力发展的直接内部促进力量。同时，信息化社会教师的专业成长需要，也直接促进了教师信息化教学能力的发展。

教师信息化教学知识体系和能力素质的发展，是基于教师信息化教学情意的，这种情意是教师态度和自信心生成的直接促进因素。只有教师本人愿意，并在信息化教学能力发展方面有信心，其能力才有可能得以发展。

信息化社会中教师的专业发展，也要求教师信息化教学能力的理性提升。信息技术与教师专业发展的关联，从外部看，信息技术不同程度地促进了教师的专业发展。从内部看，信息技术已不仅仅是教师专业发展中知能结构的一部分，它已经渗透于教师专业发展中知能结构的各方面。

信息化教学能力发展过程中，教师的自主学习贯穿始终。在这个意义上，教师的信息化教学能力发展既是自主的，也是终身的。只有教师对自身信息化教学能力发展有信心，也有兴趣，并愿意为此做出努力，这种能力才会有更大的发展。

2. 中观发展策略

教师信息化教学能力的发展，也需要一定的方式、方法和策略，也就是要有促进其发展的方法论，即教师信息化教学能力发展促进策略的中观层面。在这一层面中，促进教师这一能力发展的关键环节是职前培养、教学实践、在职培训、协作交流、自主学习。教师信息化教学能力发展中观层面的促进策略，主要表现在职前培养与在职培训相结合、传统方式与网络在线相结合、技术知识与实践应用相结合、自主学习与协作交流相结合等方面。

（1）职前培养与在职培训相结合

教师信息化教学能力发展是一个系统的过程，发展的过程从静态走向了动态，从封闭走向了开放，从单一走向了多元，从传授走向了协作，实现了从阶段性教师培训到终身能力发展的观念转变。应该说，职前培养与在职培训都是教师信息化教学能力发展的重要促进环节，是不同能力发展阶段的台阶或锚点，不应将其割裂开来，要将职前培养与在职培训紧密衔接。

世界各国对职前教师，也就是对未来教师的培养都很重视，是从教师能力源头上入手的。如美国等一些西方国家，相关教师教育技术能力标准主要针对的是未来教师，而我国则主要针对的是中小学在职教师。职前教师和在职教师在能力发展方面的侧重点不一样。职前教师主要以技术知识、技能的学习和模仿为主，虽然也有一些教学实践环节，如教学实习等，但总体上要以教师信息化教学知识和技能的获得为主。在职教师主要以知识、技能在新情景中的动态应用实践为主，当然也包括一些技术知识、技能的学习。教师信息化教学能力的知识体系，是教师信息化教学能力的基础，而后者又是前者的目的。

（2）传统方式与网络在线相结合

世界各国教师相关信息技术能力发展项目的经验是，在开展面对面的培训方式的同时，相继开展了网络培训的方式，实现了传统方式与网络在线的有机结合。信息化社会中，获取学习信息资源的渠道已经多元化，教师信息化教学能力发展的知识获取、教学经验分享、教学研讨、协作教学等，都可以通过网络在线的方式来实现，实现与传统方式的有机结合。

（3）技术知识与实践应用相结合

教师信息化教学能力的技术知识，职前教师主要通过系统学习的方式获得，在职教师则主要通过自主学习、参与培训等方式获得。教学技术知识要转变为教学应用能力，就需要重视教师的实践教学环节。职前教师可以在学习中体验模仿，通过积极参与教学实习，强化对技术知识的实践应用转化。

在职教师的教学实践，是将所学教学技术知识转化为应用能力的重要环节和有效方式。

（4）自主学习与协作交流相结合

在信息化社会，需要教师既具有自主学习的意识，也具有自主学习的能力，以适应社会发展变化和教师专业成长的需要。自主学习是教师成长的重要动力，教师可以自由选择、自主控制，自主学习贯穿于教师专业发展的始终。教师信息化教学能力发展的开放性、动态性、终身性，都需要教师具有自主学习的能力。

信息化社会的教师协作交流，既包括教师同行间的教学交流、教学观摩、教学研讨等，也包括教师与学生、教师与专家的交流对话。信息化社会中，教师既要能够实现面对面的协作交流，也要发展虚拟的、远距离的、跨时空的协作交流的能力。教师的信息化协作教学，能有效共享集体的知识、经验与智慧，形成教师信息化教学的共同体。

3. 微观发展策略

微观策略是促进教师信息化教学能力发展的内部系统和直接条件。自主学习、教学实践、协作交流，是教师个体促进能力形成与发展的集中体现。微观层面的促进策略，集中体现在教师以自主学习为主的知识积累、以教学实践为主的应用迁移、以协作教学为主的对话交流等方面。

（1）以自主学习为主的知识积累

教师的自主学习是职业发展生涯中必不可少的，是促进教师信息化教学能力可持续发展的基础条件和动力源泉，是教师专业发展的内驱力。教师自主学习的目的就是要实现技术知识积累，促进教学，促进学生的发展。在职前教师学历教育的系统化学习中，需要学习理论知识；在职教师的阶段性培训中，也需要学习理论知识并能够实践应用，以实现教学能力的提升；在教师的协作化教学中，同样需要交流对话、相互学习，共同提高。信息化社会中教师的自主学习，是一种过程，也是一种方式，更是一种能力。自主学习，使得教师在信息化教学能力不同发展阶段获得的离散知识更具系统化，使得信息化社会中教师的专业发展更具动态化、可持续、终身化。因此，教师的信息化教学能力的可持续发展，需要教师实现以自主学习为主的知识积累。

（2）以教学实践为主的应用迁移

教师的信息化教学实践，绝非简单的技术性教学实践，而是实践中有反思，反思中有智慧。在形式上，教师信息化教学实践似乎仅仅是“躯体的”，但它显然是教师教学技术知识、技能在具体情景中迁移应用的体现，是一种“理论化的实践”。因此，教师要以教学实践为主，在不同的信息化教学情景中，实现信息化教学融合与信息化教学交往，在实践中反思，在反思中成长，最终实现教师信息化教学智慧的生成与创造。

（3）以协作教学为主的对话交流

教师的信息化协作教学能力，是其信息化教学能力的重要子能力。协作化教学能力，集中体现在教学观摩、教学研讨、协作交流、协作科研等方面，有利于促进教师信息化教学能力的整体提升与发展。帕尔默指出：“任何行业的成长都依赖于它的参与者分享经验和进行诚实的对话，同事的共同体中有着丰富的教师成长所需要的资源。”

教师的信息化协作教学，实现教师间的相互交流、相互促进、相互提高，有助于教学经验交流、教学资源共享，有利于促进教师信息化教学能力的发展。教师的信息化协作教学能力，既包括教师同行间的协作交流，也包括教师与专家、教师与学生的交流对话等；不仅仅是指面对面的交流对话，更突出信息化环境中的协作教学与对话交流。信息化社会中，强调教师以协作教学为主的对话交流的发展策略，则更具发展的时代性。

# 参考文献


[1] 赵丽 . 互联网背景下高校英语教育的创新发展 [M]. 长春：吉林文史出版社 , 2021.

[2] 陈钧 . 基础英语教育实证研究 [M]. 成都：四川大学出版社 , 2022.

[3] 杜秀君 . 英语教育论 [M]. 北京：北京理工大学出版社 , 2018.

[4] 陆巧华 . 英语教育与教学初探 [M]. 北京：北京工业大学出版社 , 2020.

[5] 陈婷婷 . 学前儿童英语教育 [M]. 成都：电子科技大学出版社 , 2020.

[6] 崔文静 . 大学英语教育生态系统研究及对策 [M]. 长春：吉林人民出版社 , 2023.

[7] 施莹莹，王红娟，李保丽 . 英语教育教学理论与实践 [M]. 长春：吉林人民出版社 , 2021.

[8] 甘丽莎 . 多元视角下英语教育模式综合探究 [M]. 长春：吉林出版集团股份有限公司 , 2022.

[9] 潘丽 . 大学英语教育教学理论与实践研究 [M]. 北京：北京工业大学出版社 , 2022.

[10] 付素萍 . 大学英语教育教学方法研究 [M]. 长春：吉林大学出版社 , 2022.

[11] 王静 . 大学英语教育与课程体系建设研究 [M]. 天津：天津科学技术出版社 , 2022.

[12] 罗敏江 . 基础英语教育实践与创新 [M]. 北京：北京理工大学出版社 , 2020.

[13] 胡昊苏 . 近代四川的中等英语教育 [M]. 成都：四川大学出版社 , 2018.

[14] 赵利燕 . 英语教育的教学方法研究与应用 [M]. 长春：吉林人民出版社 , 2021.

[15] 高琳，吴勤，王琪睿 . 英语教育教学管理与阅读兴趣培养 [M]. 长春：吉林人民出版社 , 2021.

[16] 毛妙维 . 现代英语教育教学研究与方法 [M]. 北京：北京工业大学出版社 , 2021.

[17] 孙鹤 . 大学英语教育教学理论与实践研究 [M]. 北京：中国纺织出版社 , 2021.

[18] 张玉洁 . 信息时代大学英语教育现状与教学模式探究 [M]. 北京：北京工业大学出版社 , 2021.

[19] 张云 . 教育转型背景下的高校英语教育模式研究 [M]. 北京：中国纺织出版社 , 2022.

[20] 阮宇冰，张宁 . 当代中国英语教育发展回顾与分析 [M]. 北京：研究出版社 , 2020.

[21] 伍丹琼 . 新课改理念下的高校英语教育教学研究 [M]. 吉林出版集团股份有限公司 , 2022.

[22] 高瑞洁 . 跨文化视角下的大学英语教育研究 [M]. 长春：吉林出版集团股份有限公司 , 2022.

[23] 王晋娟，涂香伊，李晶 . 我国英语教育教学模式的改革与创新 [M]. 长春：吉林人民出版社 , 2021.

[24] 李帆，李婷婷 . 教育戏剧在小学英语教育教学中的应用 [M]. 武汉：武汉大学出版社 , 2021.

[25] 鲍文 . 商务英语教育论 [M]. 上海：上海交通大学出版社 , 2017.

[26] 朱佩兰 , 刘菲 . 英语教育与文化融合 [M]. 北京 : 北京工业大学出版社 , 2017.

[27] 党慧，何丹 . 英语教育探索与实践 [M]. 成都：电子科技大学出版社 , 2017.

[28] 刘雪梅，刘海燕 . 学前幼儿英语教育 [M]. 武汉：武汉大学出版社 , 2017.